埋もれた中国古代の海昏侯国 三

二千年前の歴史をさぐる

主編　陳政
編著　万軍
監訳　向井佑介
翻訳　大谷育恵

樹立社

序

前漢王朝の残影

陳政

雄大な美しさに言葉をのむ江西の山川は、つねに人々に対して天のめぐみをもたらし、傑出した人材を生みだしてきた。

南昌の前漢海昏侯《かいこんこう》劉《りゅう》賀《が》墓では、五年の歳月をかけて、約四百万平方メートルにおよぶ分布調査がなされ、約一万平方メートルが発掘された。その調査は、紫金城址、歴代海昏侯の墓園、貴族・平民墓地などを中心に、海昏侯国の一連の重要遺跡を発掘して大きな成果をあげ、二〇一五年度中国十大考古新発見のひとつに選定された。

一

前漢王朝は秦王朝のあとをうけた統一王朝で、劉邦の建国より、文景の治を経て、武帝の世にいたって最も繁栄する。

政治の世界におけるゲームとは、決して遊びではなく、真の戦争である。戦争というからには、刀の光、剣の影からのがれることはできない。

後元二年（前八七年）二月、漢武帝劉徹が崩御した。武帝は臨終に先だち、ときに八歳であった皇位継承者（のちの昭帝）のため、政治を補佐する大臣らを指名した。大司馬大将軍霍光《かくこう》、左将軍上官桀《じょうかんけつ》、車騎将軍金日磾《きんじってい》、御史大夫桑弘《そうこう》羊《よう》の四人がそれである。

彼らは、武帝が思いえがいた政治設計の青写真にもとづき、霍光と上官桀が政治を、金日磾が外交を、桑弘羊は経済を、それぞれとりしきった。

武帝にとって想定外だったのは、封建王朝の外戚による専横の舞台が、このときに幕をあけたことである。そのなかの一幕において、主役を演じた彼の孫こそ、かつての昌邑王《しょうゆうおう》である漢の廃帝、海昏侯劉賀であった。

人の考えは天の意思におよばない。漢の武帝が崩御してからわずか一年で、金日磾が世を去った。それから数年して、上官桀と桑弘羊が霍光の専権に反発し、かえって謀反の罪に陥れられ、いずれも誅殺《ちゅうさつ》された。

ここにおいて霍光ひとりが強権をふるい、朝政を一手に掌握することとなる。

彼こそが、波乱に満ちた劉賀の運命を、舞台裏で操った張本人であった。

二

南昌海昏侯墓が存在するのは、中国でこれまでに発見されたなかで、最大の面積をもち、最も保存状態がよく、最も内容が豊富な漢代侯国の遺跡群である。その出土文物は、前漢列侯の葬制と墓園の制度を研究するうえで、きわめて大きな価値をもっている。

それが大きな価値をもつというのは、千年の謎を解きあかす鍵がそこにあると考えるからでもある。

幼少のころ、次のような民謡を耳にしたことがある——「淹《しず》みたり海昏県、出でたり呉城鎮」と。

海昏県城は漢代予章郡所管の十八県城のひとつでありながら、六百年あまりの歳月をへて地勢は大きく変容し、忽然と消滅して、現在その行方をさがしもとめることは困難となっている。あるいは、鄱陽湖《はようこ》（古の彭蠡沢《ほうれいたく》）が変遷する過程で埋没してしまい、東方の「ポンペイ」となってしまったのであろうか。

海昏侯国と海昏県城はもちろん完全に同一のものを指すわけではないものの、両者が関連する度合いはきわめて大きい。

海昏という名の由来についていえば、海は大きな湖であり、昏は黄昏に日の落ちるところ、西方をいう。つまり海昏とは、大湖の西を意味する。

清朝の『大清一統志』および『新建県志』の記載によれば、海昏侯国の故地は南昌市新建区昌邑郷游塘村にあり、当地の民は依然としてそれを「昌邑王城」と称していたという。王城は平面方形をなし、地勢は平坦、面積およそ二平方キロメートル、もとは東西南北の四辺にそれぞれ城門がひらかれていた。二千年もの長い年月をへて大きな変貌をとげながらも、昌邑王城のおおよそのすがたは、いまなおうかがうことができ、もとの城壁の基礎も存在している。

それでは、海昏県城の場所はどこか。地方志の記載によれば、漢の海昏県は予章郡に属し、おもに鄱陽湖西岸、今日の永修・武寧・靖安・安義・奉新の五県の大部分の範囲にまたがっていたらしい。また『永修県志』によれば、漢高祖のときの海昏県治は今の呉城鎮蘆潭の西北数里のところに存在したという。

あるいは本当に鄱陽湖の変遷によって、海昏県城は埋没してしまったのであろうか。

いま海昏侯国は、そのすがたを現わしつつある。将来、海昏県城がわたしたちにさらなる意外な驚きと喜びをあたえてくれることに期待したい。

三

南昌市新建区昌邑郷の墎墩山《かくとん》は、一見すると荒山のようで、じつは草木に覆われた豊かな場所である。

海昏侯劉賀は終日なすべきこともなく、ときに自身が別の世界でどのような日々を過ごすべきかを想像していた。

人々はそれぞれ異なった角度から彼のことを憶測し、議論し、悪しざまにいうこともあった。彼の人生のすべては、ただ二十七日間皇帝になったあとすぐに玉座からひきずりおろされ、弾劾をうけたことに由来する。ここにおいて、彼はただ厚葬という手段によってのみ自らを慰め、虚妄の永遠を享受することができたのである。繁縟《はんじょく》にかざりたて、奢靡《しゃび》をつらねたおびただしい数の副葬品は、彼の複雑な内面を反映し、またそこに彼の現実世界に対する絶望を見いだすことができる。

真に教養と自信をそなえた人こそ、簡素をきわめることができる。劉賀のように政治の世界からはじきとばされて行く先を見失い、心に極度の悲哀を秘めた凡庸な生命の持主は、限りある生命を十分に輝かすことができず、それゆえ白玉をもって床をつくり、金をもって馬をつくり、死後の「絢爛たる輝き」を選択するしかなかった。

四

劉賀について語るには、まず劉賀の父、劉髆《りゅうはく》のことを語らねばならない。

漢の武帝には、あわせて六人の息子がいた。長子劉拠は皇太子に立てられ、次子の斉懐王劉《りゅう》閎《こう》は早逝して子がなく、そのほかに燕王劉旦、広陵王劉胥《りゅうしょ》、昌邑王劉髆、そして末子の劉弗陵《りゅうふつりょう》（すなわち漢の昭帝）がいた。

劉髆は、武帝の六人の息子のうち、五番目にあたる。天漢四年（前九七年）、劉髆は昌邑王に封ぜられ、前漢最初の昌邑王として、封地は山東（現在の巨野県）にあった。後元元年（前八八年）正月、昌邑王劉髆は世を去り、おくり名は哀王とされ、史書に昌邑哀王と称された。劉髆の死後、わずか五歳の劉賀がその位を嗣《つ》ぎ、前漢で二代目の昌邑王となる。

元平元年（前七四年）四月十七日、漢昭帝劉弗陵が逝去する。ときに二十一歳であった。昭帝には後継ぎがなく、大将軍霍光が考慮の末に、劉賀であれば皇帝位を継ぐことができると考え、その喪礼を主宰させたのである。劉賀はその詔《みことのり》をうけると、随従百名あまりをともない、用意された七両の馬車で長安府邸に向かった。

山東昌邑より長安の都まで、懸命に急いで、一か月あまりの道程であった。長安に到着してから何が起きたかは、本文中にすべて叙述されているから、ここでは贅言《ぜいげん》しない。

いずれにせよ長安に向かったときから、彼はすでに「海昏」への道を踏みだしていた。

このようにして叔父のあとをうけたとき、劉賀は皇帝としてただ二十日あまりの時間しかないことを知らなかった。あるいは、知っていたのかもしれない。そうでなければ、一日のうちに何十日分もの仕事をこなすようなことをするだろうか。

現在の目からみれば、劉賀は政治的に無能であり、あるいは愚か者といってもよい。はやくに父を亡くし、政治を教えてくれる人はいなかった。政治に深く通じた父、醇親王奕譞《じゅんしんのうえきけん》がいた清の光緒帝とは違っていたのである。

勝てば王侯、敗ければ賊となるのは、世の常である。そこに罪を加えようとすれば、理由などいくらでもあげられる。

歴代の史官がみるところ、劉賀が皇帝位にあった二十七日間、使者が頻繁に往来し、旄節《ぼうせつ》を手にとり各官署に命じて物資を徴発あるいは要求すること、あわせて一一二〇回を数える。文学光禄大夫夏侯勝、侍中傅嘉らがたびたび進言してあやまちを諫めたのに対し、劉賀は人をやって簿冊にもとづき夏侯勝に詰問し、また傅嘉を縛りあげて監獄に送った。まさに、狂人の行いといってよい。

さらに劉賀はまた、荒淫無道にして帝王の礼儀を喪失し、朝廷の制度を攪乱したともいう。大臣楊敞《ようしょう》らがしばしば諫言したにもかかわらず、それを改めなかったばかりか、むしろ日一日とひどくなっていった。正史の説くところによれば、霍光は劉賀が国家に危害をおよぼして天下の百姓をして不安ならしめることを危惧し、群臣と協議して皇太后上官氏に奏上し、劉賀を廃して昌邑国（治所は現在の山東省巨野県）に送還し、湯沐邑二千戸を賜給し、かつての昌邑哀王劉髆の家財をすべて劉賀にあたえたという。その後まもなく、昌邑国は廃され、山陽郡に改められる。また、霍光は武帝の曽孫劉詢《りゅうじゅん》をたてて皇帝とした。漢の宣帝である。

劉賀はよくわからないままに長安に入り、わけのわからないままに出てきた、といえるかもしれない。

彼は歴史によって、否、霍光によって手荒くもてあそばれたのである。

五

漢の宣帝劉詢は、劉賀にくらべて賢明であった。霍光の在世中は頭を下げておとなしくし、霍光が世を去るのを待って、すぐさま霍光の残党を一掃し、ようやく完全に天下を手中におさめるにいたった。しかし、内心ではやはり劉賀に対して少し遠慮していたようである。

元康二年（前六四年）、宣帝は山陽太守張敞《ちょうしょう》に劉賀を監視するよう命じ、それにもとづき張敞は劉賀の日ごろの行いについて箇条書きにして上奏した。「臣張敞は地節三年（前六七年）五月に職を山陽に任ぜられました。もとの昌邑王は従前の宮中に住み、なかには奴婢一八三人がおり、大門をとじて小門をひらき、ただひとりの清廉な使用人のみが銭をうけとって街で買い物をし、毎朝まとめて食物を運び入れるほかは、出入りを許しておりません。ほかに見張りの兵士を置き、往来の行人には注意しております。また、もとの王府の資金で人を雇って兵士とし、盗賊にそなえ、宮中の安全を保つようにしております」と。

さらに、「臣張敞はしばしば官員を派遣して監察しております。地節四年（前六六年）九月中、臣張敞が視察したところ、前昌邑王は二十六、七歳で、顔の色は黒く、目は小さく、鼻は尖って低く、髭は少なく、身体つきは大柄で、リウマチを患い、歩行に不便をきたしております。短い着物と長い袴を身につけ、恵文冠を戴き、玉環を帯び、筆を髪に挿し、木牘《もくとく》を手にし、あわただしく謁見しました。前昌邑王の衣服、言語、挙動をみるに、痴呆を患っていることは明らかです」と報告している。

こうした劉賀に対し、宣帝は遠慮するに値しないと判断し、次の一手をうつことにした。脅威がないのであれば、廃帝である以上、やはりそれなりの待遇が必要である。

予章郡海昏県の地を割いて彼にあたえ、海昏侯とすることにしたのである。

元康三年（前六三年）、宣帝は詔を下し、「かつて舜の弟、象《しょう》は罪を犯し、舜は帝となってからその弟を有鼻の国に封じたという。骨肉の親はわかれても絶つことはできず、いま、もとの昌邑王劉賀を海昏侯となし、食邑四千戸をあたえることとする」と命じた。これに対し、侍中・衛尉の金安は上書して「劉賀は天が見放した人です。陛下は至仁のゆえに、また列侯に封じようとしておられます。しかし劉賀は愚鈍をきわめた人物で、宗廟をまもり、入朝して天子に拝謁する礼をつとめることはできないでしょう」と述べた。はたしてその上奏は宣帝の批准をえた。劉賀は家人と奴僕をともない、封国の海昏（現在の南昌市新建区）へと向かうこととなった。

皇帝から王となり、さらに侯へと格下げされた。不運な劉賀は気づけば、山東から長安へと行き、また長安より山東へと戻り、ついに運命は彼を山東から江西へと送り、鄱陽湖畔の海昏侯国、すなわち江西のこの地に埋没させるにいたったのである。

じつのところ劉賀は、かなりの部分において、皇帝権力と霍光勢力による政権闘争の犠牲者だったのである。

六

海昏侯墓から出土した驚くべき文物が人々の関心をひきつけるなかで、私は墓主の不幸な運命に思いをめぐらせつづけてきた。

　劉賀が海昏侯に封ぜられて数年後のこと、揚州刺史の柯《か》という人物が、劉賀のもとに前太守卒史の孫万世が出入りしている旨を上奏してきた。孫万世は劉賀に、「かつて廃位されたとき、なぜ宮殿を出ずに堅守して大将軍を斬ることもなく、天子の璽綬《じじゅ》を奪われるにまかせてしまったのでしょうか」と問いかけた。劉賀は、「そのとおりだ。機会をのがしてしまったのだ」と答えた。孫万世はまた、劉賀がそのうち予章王に封ぜられ、ずっと列侯のままでいるはずはないと考えていた。劉賀は、「そうなるかもしれないが、口にすべきことではなかろう」と答えたという。関係の役人らはこの上奏にもとづき、孫万世を捕らえて尋問し、事実を明らかにしようとした。

　もとより劉賀に政治の素養と知識はなかった。しかし、毎日数十件の不祥事を起こしたというのは、明らかに誰かが故意に罪名を羅列したにちがいない。そもそも、霍光の一派は調査して把握していたのであろうか。このように頑迷で無知な人物を選んで国喪を主宰させ、帝位を継承させようとしたこと自体、監督不行届きというべきではないか。責任はどこにあるのだろう。

　歴史の上ではさらに異なった見方もできる。当時の政治情勢のため、劉賀の抱いていたさまざまな志は、ただ驕奢淫逸《きょうしゃいんいつ》によって包みかくすほかはなかったのである。しかし、はからずもその仮面があまりにひどかったため、やはり皇冠を失うこととなった。

　現在の多くの家譜がすべてそうであるように、歴史もまた虚構に満ちている。

　この眼下にある、ただ木々におおわれるばかりの堅固な丘陵は、かつての小さな城邑であった。

　あらゆる手がかりが、ただ過去の一点を指している。

　初元三年（前四六年）、漢の元帝劉奭《りゅうせき》は劉賀の子、劉代宗を海昏侯に封じ、海昏釐《かいこんり》侯とした。劉代宗はその位を息子の海昏原侯劉保世へと伝え、劉保世はその子の劉会邑《りゅうかいゆう》に位を伝えた。

　西暦紀元八年十二月、王莽《おうもう》が漢にかわって新王朝を樹立した際、海昏侯国は廃され、劉保世は封地を失って庶民におとされた。のちに劉秀が後漢王朝を建国すると、劉氏の天下が回復し、劉会邑もまた海昏侯の地位に復した。そして後漢の永元十六年（一〇四年）には、海昏侯国は分割され、建昌県と海昏県が設置されている。

　前漢昭帝の治世ののち、劉賀が即位してわずか二十七日、さらに宣帝劉詢が即位するまで、朝政はおおよそすべて霍光の掌中に握られていた。当時、霍氏一族の権力は絶大で、霍光が朝野に権力をふるっただけでなく、その息子の霍《かく》禹《う》と甥の子の霍雲は前後して宮衛の郎官を統率する中郎将に任ぜられ、霍雲の弟の霍山は禁衛部隊である胡越の兵を統率する奉車都尉侍中を拝命している。霍光のふたりの娘婿もそれぞれ東宮と西宮の衛尉として皇宮の警備を担当するなど、その兄弟・親族はみな朝廷の要職につき、前漢の朝廷内にあまねく張りめぐらせた広大な勢力基盤を築きあげたのである。ここにおいて、霍光はすでに当時の事実上の最高権力者であったが、昌邑王劉賀を帝位から廃除して宣帝を擁立すると、その権勢と声望はさらに絶大なものとなり、頂点をきわめたのであった。

　幸いなことに、劉詢は劉賀にくらべてずいぶん利口で、自らの才を隠すすべを知っていた。

　かつて民間に身をおいていたときから、劉詢は霍光の権勢と威風を耳にしていた。とりわけ一夜にして平民から至高無上の皇帝へと変身したのちには、いっそう霍光の権威にしたがうよう努めた。ひとたび即位すると、朝廷内部からは霍光派の政治的圧力がひしひしと感じられた。即位の日、高祖の廟に拝謁する際には、霍光がその車に同乗してつきそった。劉詢は思うように身体を動かせず、針のむしろに座しているかのような感覚であった。

世間をよく知る宣帝は、心中よくわかっていた。自らが即位しても頼りとなる後ろ盾はなく、わずかに皇帝というひとつの称号のみによって、無数の手先をしたがえた霍光派と対等にわたりあうことは不可能であり、ただ最大限の自制を保ち、次第に自身の勢力を拡大し、時機をまって、ようやく最高統治権を奪回することができたのである。したがって即位してすぐに、霍光が政権を返還する意思を表明したとき、劉詢はそれを拒絶した。彼は霍光を厚く信頼していることを明示し、霍光の才能をほめたたえたのである。そして、ひきつづき朝政を主宰するよう霍光に請い、あわせて群臣に対しては、大小を問わず何事もまず霍光に報告してから帝自身に奏上するよう、宣布したのである。その後、あらためて詔を下して、霍光による援立の功をたたえ、七千戸を増封した。つねに朝廷においては、劉詢は霍光に対し最高の礼をもって待遇した。この一連の行動が、霍光の不信感と警戒感を払拭し、朝廷内にひそむ政治的危機を緩和し、劉詢が統治を開始するための良好な政治情勢をつくりだす役割を果たしたことは明確で、結果として「昌邑王の轍《てつ》を踏む」ことを免れたのである。

このようにみると、劉詢は劉賀よりもずっと政治的に隠忍自重《いんにんじちょう》のすべを身につけていたのであり、あるいは劉賀は根本的にそれを理解していなかったともいえよう。

騒ぎのあとに登場した劉詢が、帝位に即いてから劉賀の食邑三千戸を削ったのは、前任者とは政治的に一線を画することを表明しようとしたのかもしれない。

劉賀が歴史のなかでさしたる評価をうけることはなく、彼の海昏侯国もまた、月光の下にぼんやりと浮かぶ、鄱陽湖畔の夢のようであった。しかしその夢は、大量の財宝の出土を契機として、無数の人々の耳目を引きつけることとなった。

考古学の発掘は、往々にして人々の探究心に根ざしており、あるいは祖先の故事を借りて自らが輝かしい存在であることを確認しようとする行為ともいえる。

李冬君によれば、王道と王権の葛藤のなかで、現実の王権はつねにその時代の主流でありつづけ、理想の王道とは次第に乖離《かいり》していくのだという。

劉賀その人と彼にまつわる一連の出来事は、海昏侯墓の発掘と保護が進むにしたがって、じょじょにその時代の記憶が明らかにされていくことだろう。

七

文化には、創造、研究、伝播がともなう。

この考古学の重大発見をいかに扱うべきか―これは文化を研究し、世に伝えていくうえでの重要課題である。

文物は過去を伝える遺物であり、過去の歴史へといたる道であり、歴史の主観と客観とをつなぐ橋梁でもある。文物と歴史との関係は密接で、それはおもに歴史の事実、歴史の証拠、歴史感情、歴史問題という四つの方面にあらわれる。

専門家とメディアが注意しているのは、上述の四点のほか、研究と報道の過程で何よりも客観性と公正性を重視し、個人の嗜好や偏愛をもって歴史事実を判断しないということである。また、歴史の真相は表面だけをみても明らかにしえず、つねに物事の淵源までさかのぼって、本質を探究する態度が必要である。そして、つねに懐疑的態度をもって研究にあたり、無批判に他人の説に追従すべきではない。懐疑的態度をもって推論・考察・研究をかさねることこそが、正しい結論にいたる唯一の道であると信ずる。

海昏侯の文化について研究し、それを伝えていくにあたり、私は歴史学者の黄仁宇による「マクロヒストリー」の概念を参考にした。それは、個々の小さな事象から大きな道理を導き、長期的な社会・経済・文化構造の考察から歴史の潮流を明らかにし、深遠な歴史の時間軸と東西文化の比較から中国の歴史的特質を浮き彫りにしたもので、人間性の複雑化から文明発展の動態へと視点をひろげ、人間性と価値観の形成にまでおよぶ議論である。

海昏侯墓の発掘とそこから出土した文物には、少なくとも次のような重要な意義があると考えている。第一は、前漢時代の制度と文化の詳細を解明したことである。第二は、社会的、歴史的環境が個人の運命におよぼした重大な影響と、個人の運命が社会と歴史におよぼした大きな反作用の実例としての意義である。第三は、国家と郡県の間の政治的、地縁的関係を整理したことである。第四は、中国南方の経済発展の様相について新たな証拠を提供したことである。第五は、封建国家政権の注意力と行動力について、政治・制度・宗法《そうほう》などの観点から明確にしたことである。第六は、中国芸術史・経済史・考古学などさまざまな領域の学術研究に資する多くの実例を提供したことである。

史を以て鑑となす。鑑とは、鏡のことである。歴史を映す鏡によって、のちの人は襟を正してきた。

王から帝となり、さらに侯へと降《くだ》るという、波乱に満ちた海昏侯の運命は、我々に重苦しい感覚をのこした。

個々の人間が運命に立ち向かって疲弊し力尽きることは、狂瀾怒濤のなかで無駄にあがくようなものであり、それはまた中国数千年の歴史のなかではよくあることであった。運命の神はしばしば人をもてあそび、ときに垣間みえる非人間的あるいは非道な手口には、あらがうすべもない。

「マクロヒストリー」の学術的視点は、道徳観念にとどまらず、人類による理性的思考の発展法則について考える手がかりをあたえてくれる。

墓中から何が出土したかに着目することは、たいへん重要である。しかし、当時の歴史的、政治的背景がもたらした墓主の不幸な運命に注目することは、さらに重要である。

あるいは前漢海昏侯墓の発掘は、典籍に記された小さな歴史観念をはるかに超越し、生命の真理を解きあかしてくれるのではないだろうか。

まさにこうした思考にもとづき、私たちは『埋もれた中国古代の海昏侯国』シリーズを著した。本書によって多くの方に、なお精彩を放つ前漢王朝の残影を、はっきりと味わい、感じてもらいたいと願っている。

目次

まえがき

星空を仰げば、歴史のはてしなくひろい宇宙には多くの未知が隠されており、往時千年のかなたでは、ひとたび王朝の太鼓の音が嵐のごとく鳴り響き激しく地を揺り動かすと、勝って王となるか敗れて賊となるかの血なまぐさい物語が繰りひろげられた。さらに、幾多の紆余曲折と起伏に富んだ物語が、流星のごとく過ぎ去った。そして、偶然ほこりが飛び去るようにして、突如として千年の昔があらわれると、ある「廃帝」のすがたが我々に向かって歩み寄ってきた。

　二千年以上前のある日、ある三十歳代の男性が陰鬱さをただよわせて家族と従僕そして各種の荷物でいっぱいの馬車列をしたがえて、名残惜しげに三十年暮らした故郷の山東の巨野を離れ、江南の予章郡へと居を移した。やってきた鄱陽湖《はようこ》の浜辺は「海昏」と呼ばれる地域で、ここから彼の不慣れな短い侯国での生活が始まった。彼はすなわち初代海昏侯、史書にいう廃帝劉賀であり、この「稀有な」人物の数奇の一生は、栄枯盛衰の浮き沈みをへて片隅に落ち着くまでに多くの歴史の宿痾《しゅくあ》を背負い、多くの隠された秘密をまとっていた。

　この「王」「帝」「侯」を一身で経験した劉賀は、最後の落ち着き先「海昏国」にやってきて初代海昏侯となり、四代続いて封をうけた。そののち、海昏侯にかかわる人物と事跡は自然の推移と歴史の霧のなかに次第に秘匿されてゆき、「あったようであり、なかったようでもあり、かくれているようで、みえているようでもある」伝説となり、先祖代々この地に暮らす人たちでさえ、だれもはっきりしたことはわからなくなった。ところが二〇一一年になって、黄金の龍が盗掘坑から現れ、この二千年以上前の侯国封地の海昏侯とその家族をおおう神秘のベールがとりはらわれた。それでは、その前漢におこった歴史の真相とはなんなのか？「漢の廃帝」劉賀とはどのような歴史上の人物なのか？彼の海昏国での生活はいったいどのようなものだったのか？劉賀は死後、いったいどこに埋葬されたのか？劉賀の大規模な墓ではどのような驚きと発見があったのか？海昏国と南昌城の間にはいったいどのような歴史的関係があるのか……といったひとつひとつの大きな疑問が、それぞれ歴史ミステリーの一章のようであり、歴史家と人々の頭のなかで渦を巻いている。ここでその一切を明らかにし、真相さらには歴史の真実を探求する必要がある。

　ときは二〇一五年になり、さまざまな高度科学技術をそなえた考古学的条件と準備作業が整うとともに、静寂であった南昌の墎墩山《かくとんさん》周辺は騒がしくなりはじめ、前漢海昏侯墓の緊急発掘調査が全面的に実施された。歴史の轟《とどろき》がこの地をめぐり、二千年あまりをへて「海昏侯墓」がついに闇からふたたびこの世の光を浴びたのである。毎日の調査がすべて新たな成果と驚きの連続であり、それは「二〇一五年中国考古学界最大の発見」の墓として、考古学界と国内外マスメディアの多大な関心を呼んだ。みなさんに「南昌前漢海昏侯墓」をめぐる歴史の真相と最新の考古成果をいち早く理解していただくため、本書では関連する歴史資料と昨今のさまざまな報道を総合的に整理して解説してゆきたい。

一、海昏侯墓——「漢廃帝」劉賀の「弁明書」

海昏侯墓は「漢廃帝」劉賀の「千年のときを越えた弁明書」なのだろうか？

二〇一五年十一月、あるアメリカの黒人読者が『チャイナ・デイリー』を手にとると、すぐに「江西省南昌で前漢の海昏侯墓を発見」というニュースに引きつけられた。これより前に、彼はこの神秘の東方の王朝がどのように交替したのか、さらにはいずれの皇帝・王・重臣の名もまったく知らなかった。しかしわずか百日あまりのうちに、「南昌前漢海昏侯墓」は中国のみならず世界の目を引きつけることとなる。

東経一一五度、北緯二九度——現在大塘坪郷となっている場所は小山にかこまれた村落で、二千年以上前の遠方からの来客の車駕の音を聞くことができるかのように静まりかえっていた。今ではここは海昏侯墓の地理座標点であるため、劉賀永眠の地としてその名を知られている。劉賀の死は長らく謎であったが、千年のときを越えてこの世にあらわれた墓はあの世から何を訴えかけてくるのだろうか。世間の血なまぐさい嵐をくぐり、各種の汚名が入りまじっていたあのころ、劉賀はだれかが真実をわかってくれると思っただろうか。劉賀の独白は今日ついに明らかとなり、これは降りつもった彼の「冤罪」を晴らすはじまりとなるのだろうか。

『チャイナ・デイリー』

史家が記した劉賀は、きわめて悪い印象である。紀元前九二年に劉賀は生まれた。『漢書』は彼の平坦ではない一生を記載している。彼は五歳で王となり、十九歳で皇帝を称し、在位二十七日で廃されて、以後平民の身分で山東に十年ちかく幽閉された。そして三十歳で海昏侯に封ぜられて予章郡に移り、五年を待たずして三十四歳で封ぜられた地で世を去った。史書の評価は率直かつ簡単なもので、劉賀は「荒淫に惑い、帝王の礼儀を失し、漢の制度を乱した」暗君であるという。

このような後世の悪名を一笑に付してよいのだろうか。悪名を喧伝された劉賀はそのために沈黙し、千年の沈黙のうちにまるで「多くの言いたいこと」を残したかのようである。海昏侯墓からは五千枚以上の竹簡、二百片以上の木牘が発見された。竹簡は古代の書籍で、劉賀が生前に読んだもの、あるいは所蔵したものである。廃帝はすでにこの世にいないが、美しい文物は「語る」ことができる。劉賀は、本当は書物を愛し、すぐれた教育をうけた人だったのではないか。

江西師範大学古籍研究所の副所長である王剛は、劉賀が受けたのは英才教育であったと確信している。彼の先生は各人とも高名で、当時指折りの名の通った大家ばかりであった。夏侯勝——彼は前漢のもっとも著名な尚書学の大家である。『尚書』は現在古籍を研究する人にとってはこの上なく重要であり、いくつかの現存する不完全な版本を真正の原典としているので、もし劉賀墓のなかに「豪華版」あるいは「普及版」があったならば、人々の心を大きく高揚させたであろう。

劉賀の教師陣のなかには、さらに前漢の名臣王吉がいる。王吉は『詩経』を深く研究したが本の虫ではなく、職責の上でも有能であった。彼は陰険な官界で各種の難関をうまくやり過ごし、霍光《かくこう》が劉賀を廃してその家臣の多くを誅殺しても、王吉は幾度もの忠告諫言によって幸いにも難をのがれ、わずか十年で県令から朝廷の重臣になった。二十四史の記載では、その家族は後漢から明清にいたる一七〇〇余年間に三十六人の皇后、三十六人の駙馬《ふば》（天子の女婿）、三十五人の宰相を輩出しており、「中国第一の名望ある一族」ということができる。山東琅琊《ろうや》の王氏一族の始祖として、王吉は六文字の家訓「言は宜しく慢たるべし、心は宜しく善たるべし」を定め、これが家伝の箴言であるという。

霍光像

ほかにも『論語』研究そのほかの教師らがおり、夏侯勝・王吉の両大先生をみてわかるように、劉賀の専属教師陣の顔ぶれは名実がともなわない人物では決してなかった。名師匠から優秀な生徒が出るといわれるように、とうぜん劉賀は万巻を読破した。はたして出土した竹簡に赤外線照射を進めてわかったのは、それが『論語』『易経』『礼記』のほか、方術および一種の医術にかかわるものだということである。何面かの孔子図屏風もまた、劉賀が読書を好み、儒教文化を崇拝していた証拠である。

劉賀が廃されたのは淫乱無道であったからではなく、権臣霍光の怒りに触れたからである——というのが、秦漢歴史学界の研究者の一般的な認識である。史書上のいわゆる淫乱というのは信用できず、彼が廃されたのは、多分に彼を補佐する昌邑の群臣が中枢勢力を甘く見て、矛先を露わにするのがはやすぎたからである。中国人民大学国学院教授の王子今は、劉賀の境遇はまさに霍光時代の政治史の真実を写しとったものだとする。「劉賀は人生の悲劇に遭遇したが、しかし歴史はこれによって変化しはじめ、昭帝と宣帝による漢の中興に重要な役割をはたした」のである。

劉賀は、自分の一生の「曲折した」「悲壮な」「数奇な」道程と、彼の置かれた時代を、どのように認識していたのだろうか？含みをもって無実を訴え、自身の不遇を表《おもて》にすることができたのだろうか？研究が待たれる。しかし、わかっていることがふたつある。ひとつは竹簡にあった賦であり、墓の建造状況、棺の形状、棺周囲の装飾を紹介しており、まるで後人にあたえた大墓解説書のようである。もうひとつは兵器、酒器、楽器の各蔵槨内に置かれていた、器物の名、建造者の名を記した目録である。もしかしたらこのような「死に事《つか》うること生に事うるが如し」の葬俗によって、それらは未来へある知らせを送ってきているかもしれない……

が、劉賀の墓はその特殊な不遇、特殊な身分のもとにある複雑な心境を露わにするところがない。

　非常に興味深いのは、劉賀が死後どのように埋葬されたのか漢の歴史文献中に明確な記載がないのに対して、やや遅い時期の文献中には、かえっておぼろげに記述があることである。『三国志』「魏書・三少帝紀」は、紀元二六〇年「高貴郷公、卒す」と述べたあと、「皇太后、令して曰く、…昔漢の昌邑王、罪を以て廃され庶人となる。この児、また宜しく民礼を以てこれを葬るべし」と記載しており、これと同じ記述は『晋書』「帝紀」および後世の引用にみられる。ここで「また宜しく民礼を以てこれを葬るべし」の「また宜しく」が表明しているのは、劉賀が世を去って二七〇年後の曹魏期に、劉賀が庶人の「民礼」をもって埋葬されたという記憶が社会上層部にまだ伝わっていたということである。これは目下発掘されている海昏侯墓とは大きな違いがある。

　大河は東へ流れ去り、波が洗い消したのは、千古風流の人物であった。二千年あまりが過ぎ去ったいま、侯に封ぜられたことなど話さないでほしい、なぜなら事のなりゆきなど浮雲のごとく不安定なものなのだから。この日を待つこと久しかったが、しかし歴史はついに今日ひとつの窓をひらき、世界に新たな劉賀のすがたを知らしめることとなった。真実の劉賀がどのようであろうと、私たちは彼の一生を自身で理解しなければならず、いかなる解釈を後世に伝えてゆくのか、これから検証してゆく必要があるだろう。

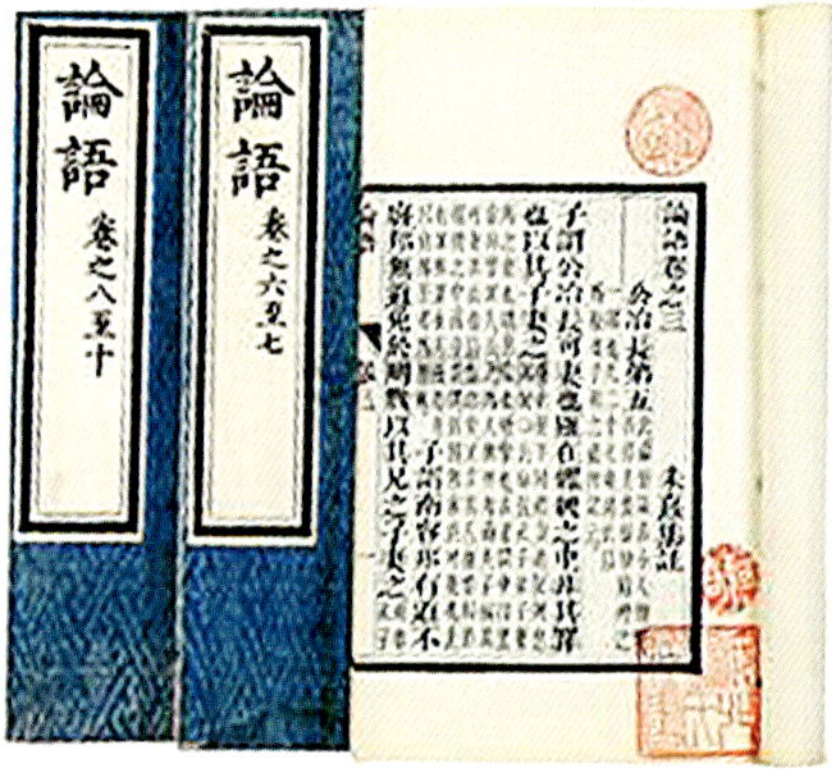

『論語』

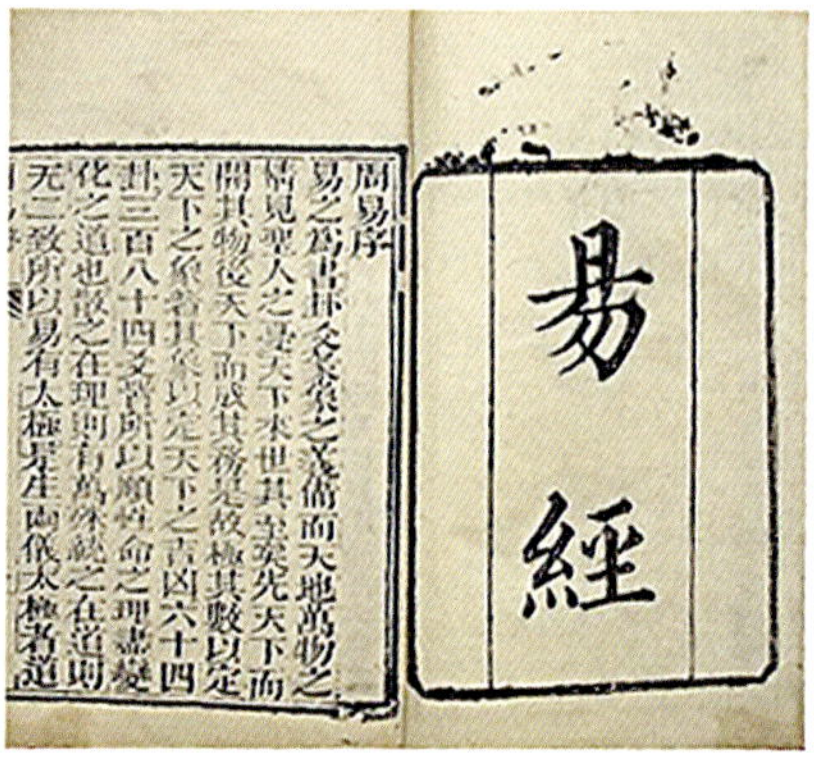

『易経』

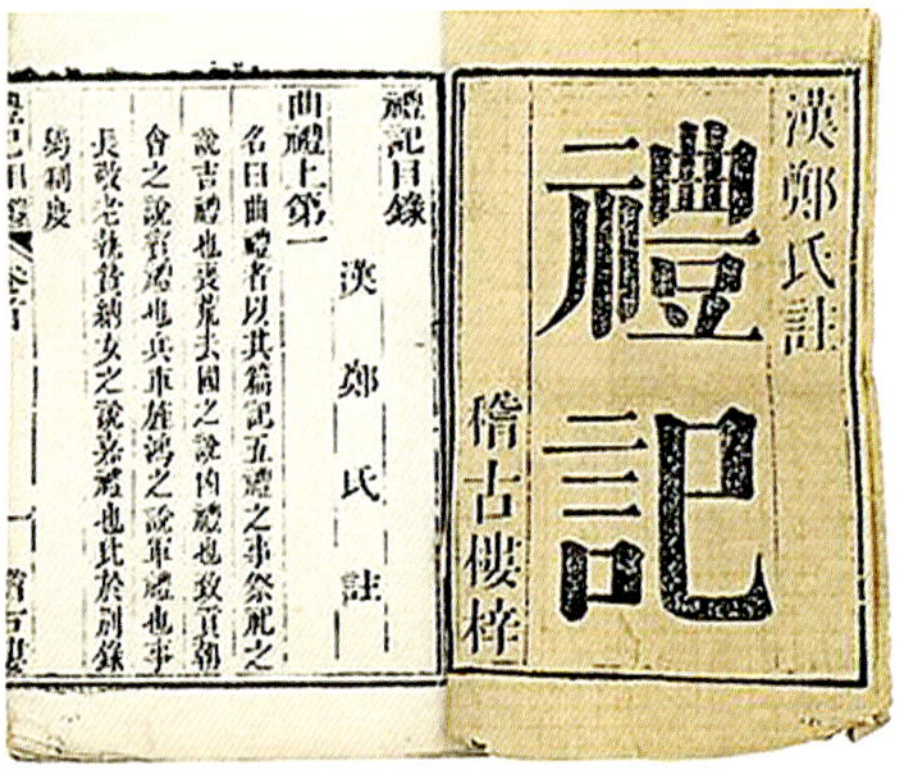

『礼記』

二、海昏侯——その重く孤独な影

海昏侯はただ孤独な人であったのだろうか？

もちろんそうではない。海昏侯は前漢の爵位で、代々継承されて四代続き、後漢になって廃された。まずは前漢武帝の天漢四年（前九七年）に、山東の山陽郡は昌邑国に改められ、武帝第五子の劉髆《りゅうはく》がここに封ぜられて初代昌邑王となった。漢の征和元年（前九二年）に劉髆唯一の男子である劉賀が生まれた。漢の後元元年（前八八年）に劉髆が世を去り、そのひとりっ子である劉賀が制にのっとって昌邑王を継いだ。この昌邑王はすなわち、のちの初代海昏

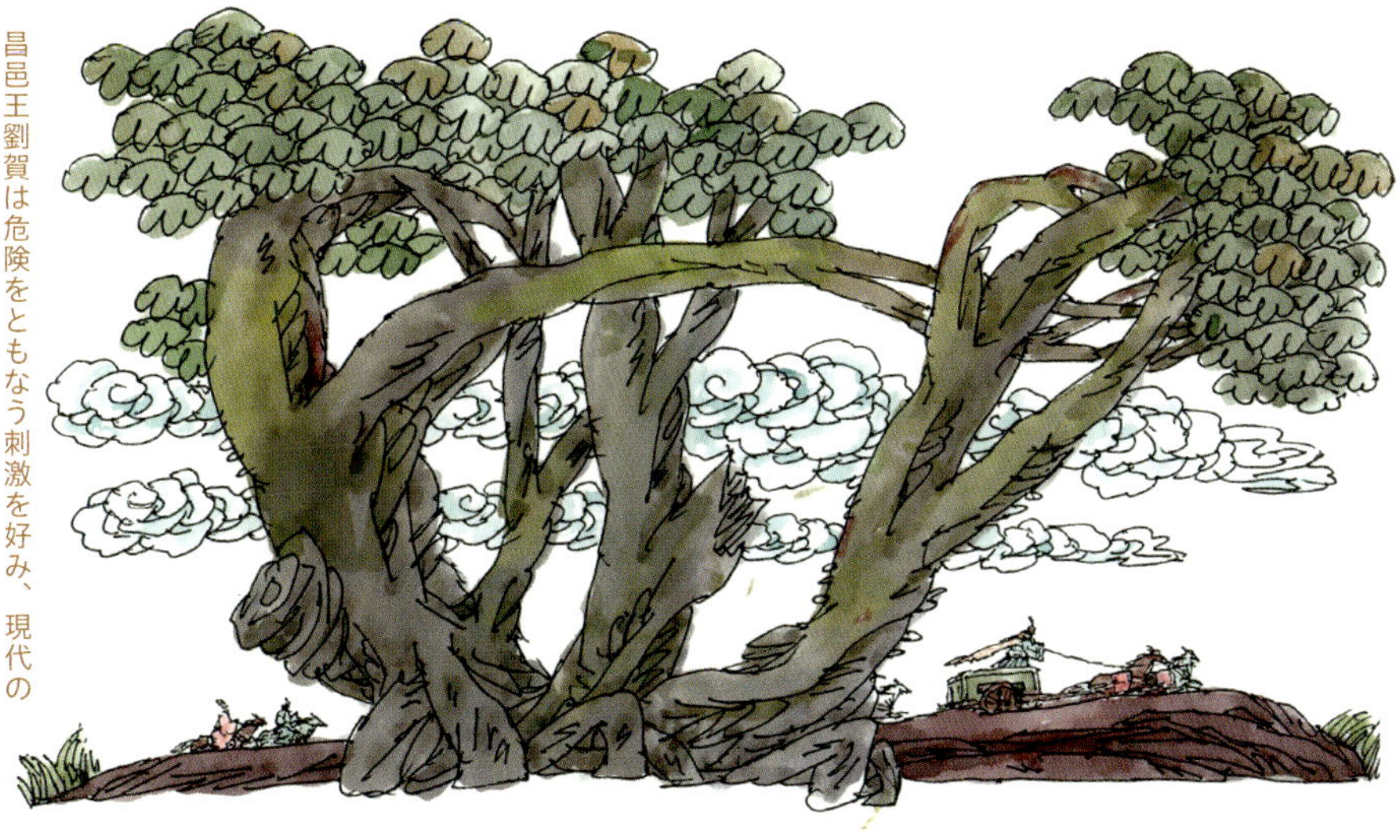

昌邑王劉賀は危険をともなう刺激を好み、現代の走り屋のようにひとたび馬車に乗車すると、我を忘れて疾走せずにはいられなかった。

侯劉賀（前九二〜前五九年）である。それでは、このかつての「昌邑王」がのちにどのように「変身」して「海昏侯」となり、また山東巨野（昌邑国に属す）から江西予章へ移ることになったのか？きっかけは十九歳のとき、ある「棚から牡丹餅《ぼたもち》」の出来事に遭遇したことだった。漢の元平元年（前七四年）わずか二十一歳の昭帝劉弗陵が突然崩御した。しかし生前から後継ぎがいなかったために、権勢を振るう大将軍霍光は急いで大臣らと協議して、武帝の第三世代のなかから年わずか十九歳の昌邑王劉賀を選んで皇位を継承させることを決めた。そして大至急長安へやってきた彼を迎えて昭帝の葬礼をとりおこなった。しかし残念なことに、年若い劉賀は位を継いだあとに好機をつかむことができず、わずか二十七日後に廃位に遭って漢代で在位期間がもっとも短い皇帝となり、史書に「漢廃帝」と呼ばれることとなった。

『資治通鑑』巻二十四の記載では、霍光は太后の名をもって詔書を頒布し、劉賀を昌邑へ戻らせ、もとの王国を廃止して一般の侯爵よりもやや上で待遇し、食邑二千戸をあたえた。ただし当地の行政官吏の「監視付きの生活」を受け、十年の困難な状況を耐え忍んだ。元康三年（前六三年）になって、宣帝が前昌邑王を封じて食

邑四千戸の海昏侯となす詔を下し、劉賀は遠く南方の予章域内にある海昏県の封地へ移り、初代海昏侯となった。『漢書』巻十五下「王子侯表下」の記載中でもまた、この侯国の所在地は「予章」であると明確に述べている。劉賀は、最高執政集団にとって十分に安心はできない「追放人」であり、ついには「遠方へ遠ざけられ」、この「政治の及ばない」地方へと移ってきたのだった。「海昏侯」が孤独なひとりぼっちであったかといえば、それは正しくない。ただ言えることは、「海昏侯」の封号が初めてできると、もとの「昌邑王」はそれを受けて「海昏侯」となり、おのずから初代の「海昏侯」となったのであり、庶民の間に「海昏国」の創始者で、そののち四代まで続いたと伝えられてきた。このことから、その家族はその地でさかえ、数百年を経たと考えるべきである。また考証にもとづくと、海昏侯の封地である侯城は、海昏県南部の紫金城、すなわち今日の南昌市新建区大塘坪郷にあった。初代「海昏侯」の身分は非常に特殊で、その運命は紆余曲折をへて、後人の知るよしもない非常に多くの「故事」をともなっているため、歴史家の関心を集めている。

　歴史上海昏侯と呼ばれた人は、ほかにもいる。史書の記載では、後漢光武帝劉秀の治世中の建武三十二年（五六年）、沈戎（『宋書』の著者沈約の先祖）は敵対する尹良《いんりょう》を説いて降伏させたので、光武帝はこの功をたたえて「海昏侯」に封じた。しかし沈戎は辞して受けず、一家をあげて会稽郡烏程県余不郷（現在の浙江省紹興市烏鎮）に移り、病没後は余不郷の金鵝山に葬られた。その墓はまた「海昏侯墓」と呼ばれている。したがって、「海昏侯」は劉賀のみの称号ではないのである。

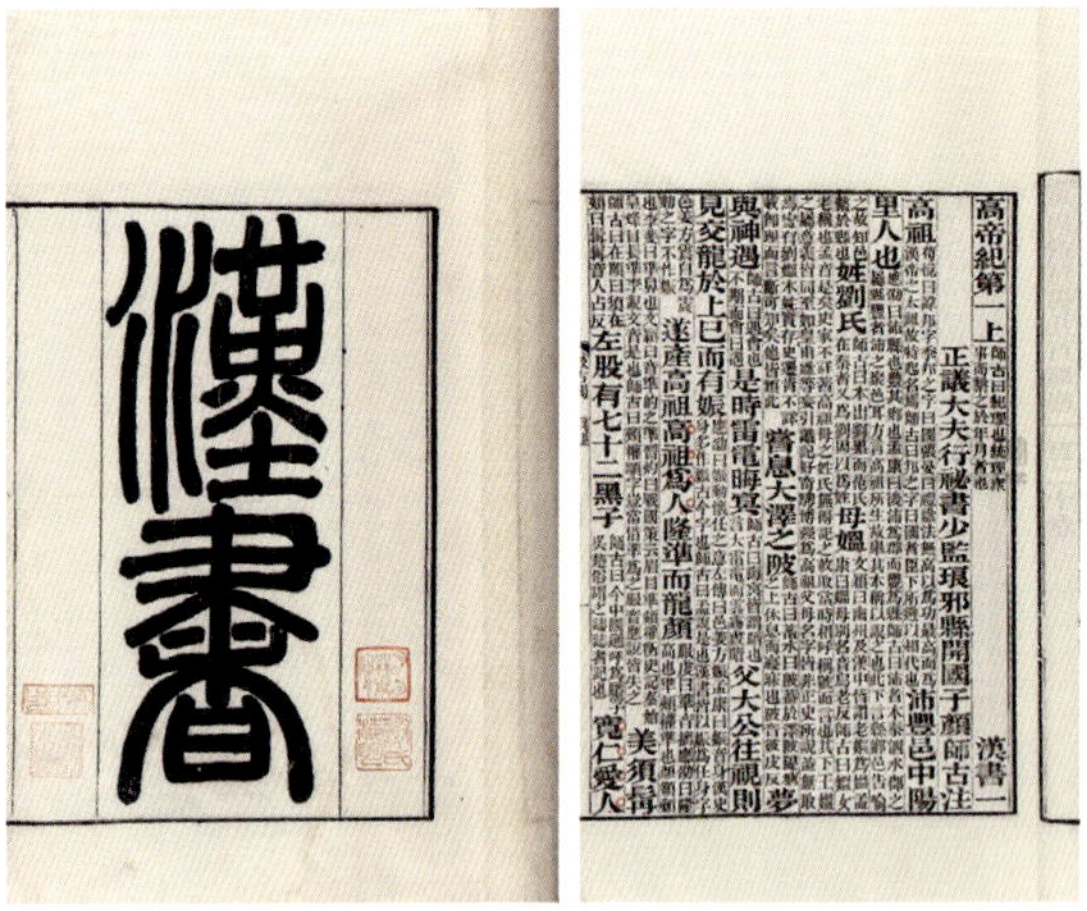

『漢書』

双耳の壺（東蔵栁調理道具庫より出土）

三、海昏侯の封地——かつての侯国遺跡

伎楽木偶（北蔵槨中部楽器庫より出土）

海昏侯封地の遺跡はどこに「埋もれて」いるのだろうか？

海昏侯の封地すなわち旧昌邑城は、多くの文献記載にみられる。もっとも初期の昌邑は、劉賀の父親劉髆が紀元前九七年に封を受けて「昌邑王」となり、昌邑（今の山東省巨野県大謝集鎮）に都を置いたこととかかわる。劉髆は死後、「哀王」と謚《おくりな》されたことから、史書に「昌邑哀王」と称される。劉髆は王位にあった十年をへて世を去り、紀元前八八年に劉賀が王位を継承し、第二代の昌邑王に封ぜられた。

劉賀は昌邑から封国の「海昏」へ移り、予章郡太守の手配を受けて郡の役所で海昏侯が管理する地盤を確定させた。すなわちもとからあった海昏県からその南部の一部の土地を切りとって侯国封地とし、劉賀の管理使用とされた。「海昏国」にある封地でありながら、おそらく望郷のゆえに、劉賀のやってきたあとにこの一帯の地は「昌邑城」と命名された。『太平寰宇《たいへいかんう》記《き》』の記載によると、「昌邑城は州の北にある。水路で百三十七里の距離である。雷次宗『予章記』によると、昌邑王賀は廃位ののち、宣帝によって海昏侯に封ぜられ、東行して国におもむき、ここに城を築いた」という。「海昏侯」となった劉賀はすでに廃されたとはいえ、「痩せ細った駱駝でも馬よりは大きい」たとえのように、一般の王侯の待遇にくらべるといくらか上でなければならない。多少わがままにふるまったとしても、出自は二十七日間漢王朝の皇帝であった「廃帝」なのである。専門家の考証によると、「海昏侯」封地の王城は該地の前漢紫金城遺跡で、今の南昌市新建区大塘坪郷にある。それは贛江《かんこう》北支流の北岸にあり、贛江の西が鉄河郷、東が昌邑郷で、王城の遺跡はうねうねと起伏がつらなる丘陵地帯にある。近年発見された「海昏侯墓」はまさに城の西にあり、古代の埋葬選地規定に符合する。

前漢の紫金城遺跡は、赤城古城の東の内城のひとつで、劉賀は当時の朝廷が彼にあたえた権力と自身の影響力を駆使し、あたかも王者の居城であるかのようにこの封地に城を築いて墓を造営したのであり、その周囲数十里の地はすべて彼の食邑地であった。紫金城はこのようにして形成され、その遺跡は一九八七年に江西省文物保護単位の指定を受けている。長年の試掘探査と考古資料の検討を通じて、南昌の前漢海昏侯墓が基本的に漢代鉄河古墓群の一部をなし、また海昏侯国の都城は漢代の紫金城遺跡にあたることが確認されており、これによって海昏侯

の都城・墓園区・貴族墓区・一般墓区からなる海昏侯国の遺跡が体系的に明らかになった。遺跡全体の面積は五平方キロメートルに達する。ある人は、「海昏侯墓」で出土した大量の文物からみて、たとえ劉賀がのちに食戸を削られたとしても彼にとってそれはたいしたことではなかったとみている。しかし当時「廃帝」という特殊で政治的に微妙な身分であったこと、江西の風土と生活習慣があわなかったこと、それに加えて期間中に食邑を削るという「処分」に遭ったことによって自然と憤懣不平がたまり、「海昏国」での彼の生活はたった四年で終わってしまった。そのために劉賀が建造した紫金城もまた「高レベル」であったとはいえないというのである。

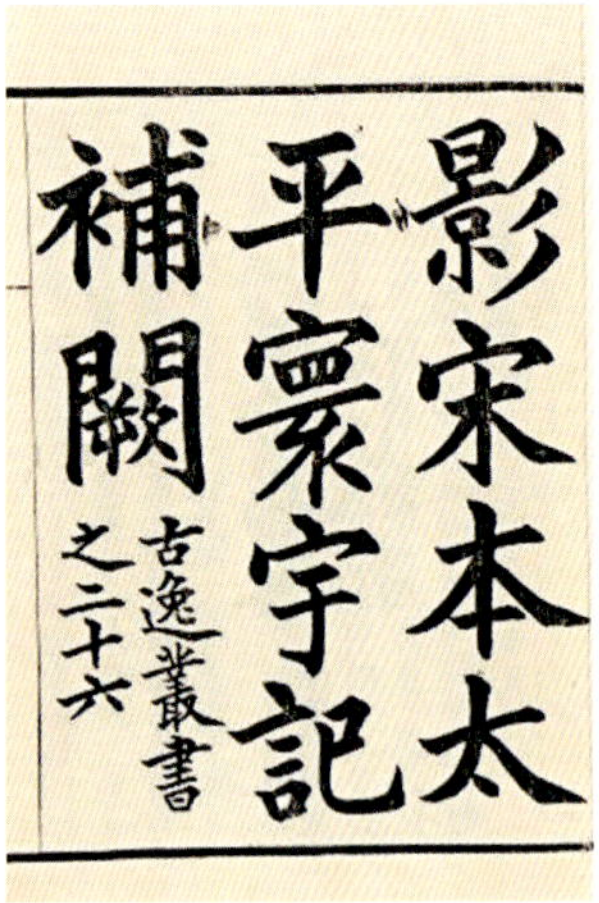

宋『太平寰宇記』

　近年、専門家が紫金城に対して何度も試掘探査をおこなっているが、一部の城壁遺構、漢代の土器、瓦などの漢代居住民の一般的な生活遺物の資料を掘りあてたものの、大型の宮殿建築の痕跡はない。これは、劉賀がこの地で生活するにあたり、静かに内心を包み隠し、朝廷の「懸念」を払拭しようとしたことによるのかもしれない。あるいは別の可能性として、彼は当地に根づく考えがなく、自身の故郷に戻ることのできる日を待ち望んでいたのかもしれない。劉賀は北方の故郷に戻る望みがなくなったことをさとり、自身の体調がますます悪化するのを感じると、一挙に自身と家族の陵墓の造営を開始した。工期は数年におよび、それにより陵墓はその都城とくらべて豪華なものになった。神爵三年（前五九年）、「廃帝」劉賀は海昏国での四年にわたる生活ののち、死去した。享年三十四歳であった。

　またある専門家は、最初期の昌邑古城の遺跡の位置は、今の南昌市新建区北部の昌邑郷游塘村付近、鄱陽湖西岸の県城から約八〇キロメートル離れた、現地住民が今なお「昌邑王城」と呼んでいる地であろうと考えている。ふるく一九六〇年には考古学者が現地調査をおこなっている。そのときに確認された古城の範囲は比較的大きく、東西六〇〇メートル、南北四〇〇メートルであった。城内全体が盆地状にくぼみ、北城壁の中央には城壁より高いふたつのコブ状の隆起が相互に四メートルを隔てて存在し、城門の遺構ではないかと推定されている。城壁は平均で高さ約一〇メートル、基部の幅は一二メートルである。城の四隅はいずれも城壁部より高く、多くの土が堆積し、いずれも基部が厚い円錐状の土の山であることから、角楼あるいは望楼の類の建物であった可能性があり、城中央の高く平坦な高まりはおそらく王宮址であったのだろう。この漢代游塘古城の所在地は、現在の新建区昌邑郷がある場所である。年月をへていることから今のところ海昏侯劉賀がかつて游塘古城内に居住したことを示す実際の証拠はないものの、この区域が昌邑郷と命名されていることから、あるいは海昏侯劉賀が暮らしていたと推測することができるかもしれない。ある専門家は、「劉賀がおとされて海昏侯となった当初、すなわち海昏国にやってきた直後には城がなかったので、まず游塘古城内で一定の時間をすごした」という。紫金城の完成を待って、改めて游塘古城から引っ越したのである。資料の裏づけがなく、以上は目下ただ一種の推論にすぎないのであるが。

四、海昏——古名の由来

「海昏」という語は何に由来するのだろうか？

「海昏」という名称は非常にふるく、歴史家の班固がまとめた『漢書』「地理志」は高祖劉邦のときに予章郡が海昏などの県を管轄したことを述べており、戦国後期にこの地が楚国に属していたときにはその名がすでに存在していた可能性が大きい。字面の意味からいえば、古代には「海」の字は、私たちが今日いうところの「湖」を指していた。今でも雲南やチベットでは「湖」を「海」と称しており、北京の「中南海」や「北海」はその著名な例である。後漢初年の『漢書』「地理志」が指す予章郡が管轄した海昏などの県は、おおよそ現在の江西省の永修・武寧・靖安・安義・奉新の五県を含む。当時この地域は総体的に辺鄙で未開発の地方であった。たとえば『史記』巻一二九「貨殖列伝」が記載するところによると、「楚越の地は、土地が広大で人は少ない。稲を飯とし、魚を羹《あつもの》とし、あるいは田の草を焼いて耕し、水を注いで雑草を除いている。果物や貝類は商人から買わなくても足り、地勢は食べ物が豊かで、飢える心配がない。そのために生を楽しみ、蓄えることがないので貧しいものが多い。そのため、江淮以南には凍え飢える人がないが、また千金を蓄える豊かな者もいない」という。こうした事情から、江南の侯国設置数には限りがあり、海昏侯国はそのうちのひとつであった。「海昏」の語義についていえば、「海」はすなわち鄱陽湖で、「昏」は夕日が西に沈むその方角であるから、いいかえるならば「湖西」、すなわち「鄱陽湖の西側」であり、これはまさに班固が史書に記した地理的位置と合致している。「海昏」の地名はのちに王莽の時代に「宜生」と改称されており、想像をたくましくすれば、その地は当時、予章郡のなかでも生活環境が比較的良好な地方であったのかもしれない。

「海」字の銅印（西蔵椰娯楽用具庫より出土）

海昏国となるまでの歴史沿革についていうと、漢の宣帝元康三年（前六三年）三月に、宣帝は「かつて舜の弟の象に罪があったという。舜は帝となった後に、彼を有鼻の国に封じた。骨肉の親であったので絶やさなかった。今、もとの昌邑王劉賀を封じて海昏侯とする。食邑は四千戸」と詔を下し、海昏侯国をつくったのが海昏侯の由来である。劉賀の死後に封国は廃止された。初元三年（前四六年）に漢の元帝劉《りゅう》奭《せき》はまた、劉賀のもうひとりの子である劉代宗

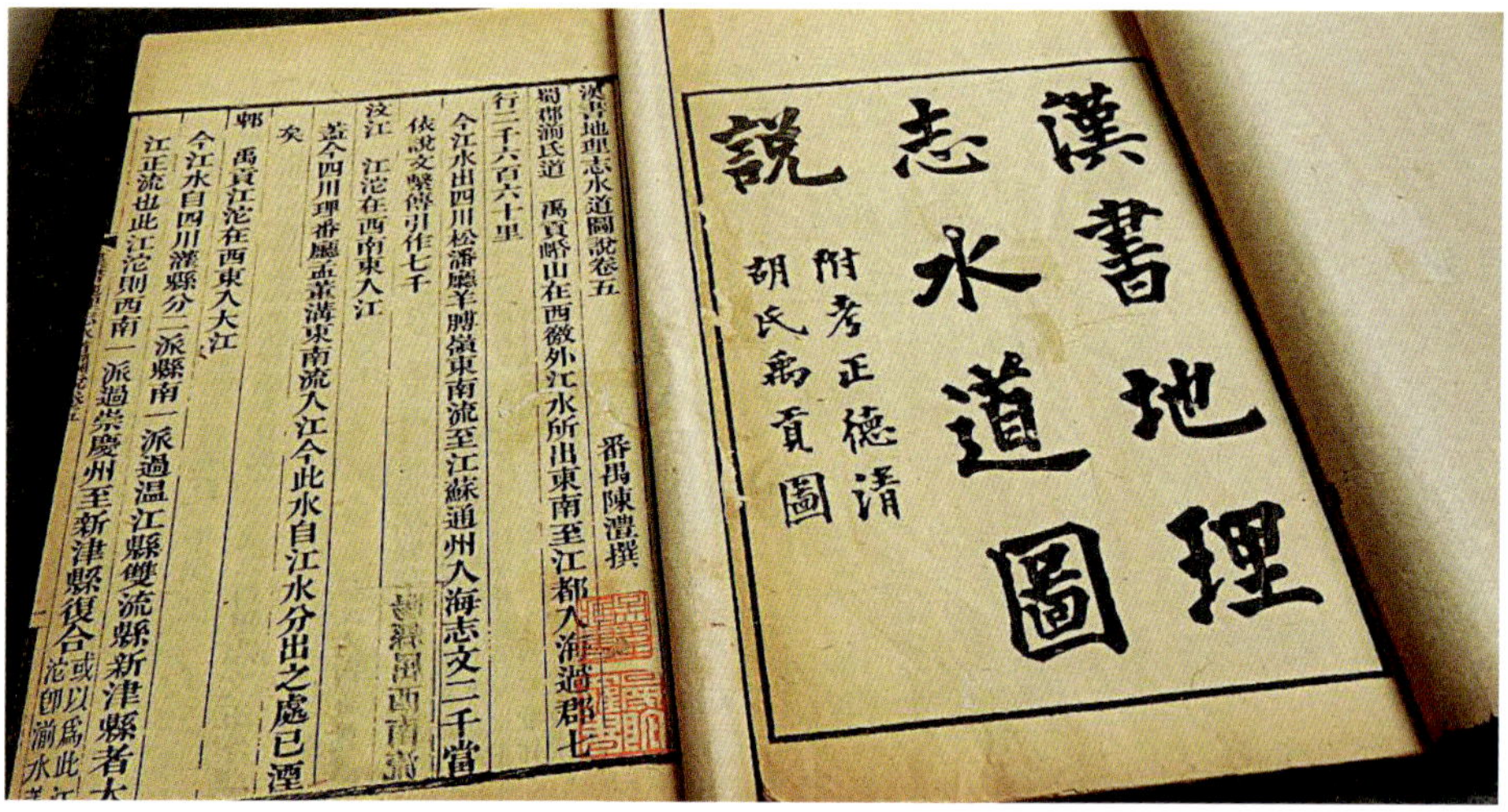

『漢書』「地理志」

を海昏侯とした。海昏釐侯《りこう》である。劉代宗は子の海昏原侯劉保世に位を譲り、劉保世は子の劉会邑に位を譲った。紀元後八年十二月、王莽が漢にかわって新を建てると、海昏侯国は廃止され、劉会邑は領地を削られ庶民におとされた。続いて劉秀が後漢王朝を建てると劉氏の天下が回復し、劉会邑は再び海昏侯となった。しかし、あわせて四代にわたって続いた海昏侯の封号および侯国の設置も、後漢滅亡後は再び回復することはなかった。

五、史海探索——海昏県と海昏国の前後論争

「海昏県」が先にあったのか、それとも「海昏国」が先にあったのか？

歴史文献の記載と専門家による考証結果にもとづくと、漢の初期に高祖劉邦は予章郡を設けた。予章郡が管轄した十八県はまばらに現在の江西省の方々に分布しており、海昏県はそのなかのひとつで、前漢の予章郡海昏国は海昏県の管轄区内にあった。漢代諸侯の権力は、景帝期に起こった「七国の乱」を境に変化した、といわれる。当時「七国の乱」が起こった主な原因は、各諸侯の権力がいずれも非常に大きく、彼らが自身の政治制度を有しただけでなく、各自の軍隊を有していたためである。「七国の乱」ののち、前漢皇帝は諸侯の反乱を恐れたため、劉姓以外の姓の者が再び諸侯に冊封されることはなく、諸侯の王権を次第に削り、各諸侯の領地を次第に小さくしていった。

こうしたことから、江西省文物考古研究所副研究員・海昏侯墓考古調査隊隊長の楊軍は、当時先に海昏県があって、のちに海昏県管轄区内で五～七平方キロメートルの地域を切りとって海昏国の封地にしたのではないかとする。前漢と後漢の交替期に始まった中原から江南への移民熱の高まりによって、江南地区は次第に全国的な経済の重要地点となった。したがって歴史の流れからいえば、先に「海昏県」があり、あとに「海昏国」ができたとみるべきである。推測するに海昏侯劉賀は当時の名門一族であり、「海昏国」に移ったあとに予章地区の前漢後期から後漢初年にかけてのこの一帯の環境開発と経済発展に貢献したと思われ、海昏侯墓から出土した文献のなかにこの歴史変化を反映した情報が存在する可能性も排除できないし、またそれによって海昏国がたどった特殊な変遷過程、漢代南昌地域の生活環境条件と経済開発水準を語ることができるかもしれない。

木牘（遣策《けんさく》類の付け札で、竹や木箱あるいは漆箱の上にとりつけ、上面に箱番号と内容物の名称や数量などが記される）

しかしまたある専門家は、先に海昏国があり、あとに海昏県ができたとする。こうした見方をする専門家は、かつて海昏侯が居住した海昏国が、のちに海昏と建昌の二県にわかれたと考える。『九江年鑑』のなかに同様の記載があり、永元十六年（一〇四年）に海昏西南に建昌県（県治は現在の奉新甘坊付近）が置かれ、中

平二年（一八五年）には海昏県（故城は現在の江西省永修県の北西数キロメートルのところに所在）と建昌県の一部を割いて新呉（現在の奉新県の西）・永修の二県が設置され、建安四年（一九九年）にはさらに海昏と建昌の地を割いて西安県（県治は現在の武寧県）が別に設けられている。しかし、楊軍はこの説は成立しえないと考えている。これらの建置はいずれも海昏国よりあとのことで、行政区域からみて具体的な根拠にはならないのである。

前漢海昏県の地図（出典：譚其驤編『中国歴史地図集』第二冊、地図出版社、一九八二年、二四～二五頁）

六、海昏国――忽然と消えた侯国封地

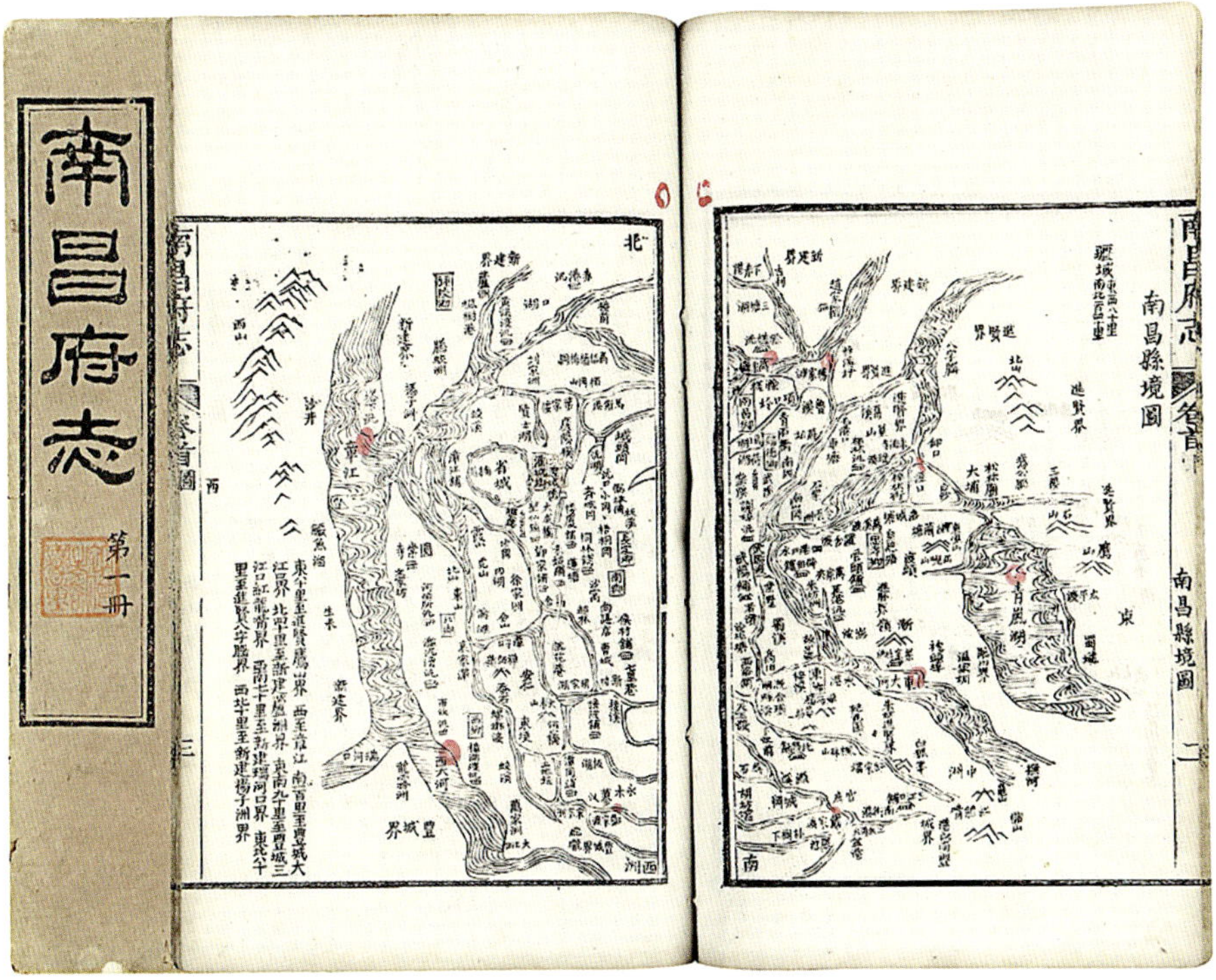

『南昌府志』

「海昏国」はなぜ消えてしまったのだろうか？

千百年来、江西の地の俗謡にこのような一節がある。「海昏が沈み、呉城が浮きあがる」。これはまるで海昏国の消滅にかかわる、なんらかの情報をあらわしているようである。しかし、海昏の沈没について、史料中には断片的な記述があるだけで、なお諸説紛々としている。しかし「海昏国」というのは王侯の封地なのであり、真の意味での「国家」ではない。専門家らのたびかさなる考証研究により、海昏の王城遺跡は基本的に確定しているとはいえ、海昏侯の封地はいったい何平方メートルであるのか、管轄範囲は具体的にどの地方を含むのか、大型の古城建築址群があるのかどうか、といった点については、なお定説がない。「海昏国」の消滅については、何の証拠もないが、民間には主に三つの説がある。

第一の説は、海昏で地震が発生したためというものである。『南昌府志』同治十二年（一八七三年）刊本は、東晋の大興元年二月（三一八年三月）、盧陵と予章の西陽郡で地震があり山が崩れたが、そのなかに海昏が含まれていたとする。『晋書』によると、東晋元帝の大興元年十二月（三一九年一月）に「地震《ふる》え、水涌出し、山崩れる」と記載する。海昏国の沈没が地震によってもたらされたのかについては、はるか昔の事であり、また詳細な史料記載もないので、考証のしようがない。

第二の説は、南朝の時期とするもので、『新建県志』は宋の元嘉二年（四二五年）に海昏が沈没して商業が南に移り、呉城がついに正式に鎮となったと記載する。しかしこの零細な史料は、海昏国が沈没した時間的な証拠にしかなりえない。

第三の説は、隋唐期とするものである。『水経注』「贛水《かんすい》」によると、北魏のときに鄱陽湖の前身はすでに都昌県の西北一帯に存在しており、広大な水域を形成していた。隋の煬帝のときに、湖は南に移動拡大を始め、唐代にはすでに現在の鄱陽湖の範囲と形状をそなえるにいたった。元・明のとき、湖の沈降にともなって鄱陽湖は次第に南西方向に拡大して進賢県北境の北山に達し、海昏古城はその過程で湖底に沈んだとする。ゆえにある人は、旧海昏県城は東方の「ポンペイ」のようだとするが、推測にすぎない。ただ考古学的調査による発見に望みを託すことができるのみである。

しかしながら、海昏国が湖底に沈んだのが南朝期のことなのか、あるいは鄱陽湖が拡大して現在の原型となった隋唐期のことなのかにかかわらず、専門家らの多くは清代後期以降に鄱陽湖が沈降から隆起に転じて湖の中心が再び北に移り始め、加えて湖水面積が縮小したことを指摘しており、議論の一致をみない。いくつかの説では、現在発掘している紫金城遺跡の方角とかなりのちがいがあり、どの説がよりもっともらしいかは現在決めることができず、専門家らのさらなる研究考証が待たれる。

七、海昏侯墓——二千年後の不幸中の幸い

海昏侯墓はどのようにして「毒牙」にかかったのだろうか？

いにしえより古い墓のあるところには、「嗅ぎまわる」盗掘者がいるもので、「海昏侯墓」が二千年あまり平静を保ってきたのは「奇跡」である。海昏侯墓は新建区大塘坪郷観西村の南東約一キロメートルの「墎墩山《かくとんさん》」上にあり、墓地全体の面積は四万平方メートルを占める。海昏侯墓が「毒牙」にかかったのは二〇一一年のある日にさかのぼる。南昌市政協教衛文体文史委員会（教育委員会にあたる）の張恒立主任によると、ある骨董商が南昌の骨董市場に純金の龍を売りわたそうとしたところ、非常に珍しいものであったので、だれもあえて手を出そうとしなかった。重要なのは、金龍は古代においてはただ帝王のみが所持できるものであるため、贋作でなければこの龍はおそらく帝王の墓からもたらされたということであり、十中八九盗掘によって得たものだということである。そこである骨董商が南昌市新建県（現新建区）公安局に通報した。公安局はすぐに調査に着手した。その一方で、金龍が現れるとすぐに噂がひろまり、盗掘者の仲間内で関心が高まった。そして全国各地の盗掘者が南昌に押し寄せてきて、裏で活動を始めようとした。古墓が強奪しつくされるのを防ぐために新建県公安局は迅速に金龍を売却した骨董商と盗掘者を逮捕し、集中して取り調べをおこなった。取り調べによってわかったのは、金龍は南昌市新建県大塘坪郷観西村の現地村民が「墎墩山」と呼んでいる丘の上から彼らが盗み出したということであった。

海昏侯墓（一号墓）槨室中央の現代盗掘坑

　南昌文物市場に「金龍」があらわれたのと時を同じくして、二〇一一年三月二十三日に新建区大塘坪郷観西村の村民が墎墩山の上の盗掘坑を発見し、関係部門に通報した。江西省文物考古研究所の考古学研究者である楊軍の回想によれば、その日、家で緊急の電話連絡を受けたという。それは、ある住民からの報告で、南昌市新建県大塘坪郷観西村の南東約一キロメートルの墎墩山上に穴がみつかり、おそらく盗掘者の仕業ではないかということだった。当地の地方史には「初代海昏侯劉賀の墓は建昌県の北西六十里の昌邑城内にあり、大きな墳丘がひとつ、小さな墳丘が二百ほどあり、かつて百姥《ひゃくぼ》冢《ちょう》と称していた」と記される。楊軍は、そのとき頭のなかに突然この地方史の記載がひらめいたという。伝承にいう劉賀の墓と盗掘坑があらわれた古墓の位置は非常に近い。彼はすぐに南昌市から車を一時間ほど走らせ観西村に直行

し、村関係者の案内のもと、その盗掘坑の位置を探りだした。同行者の援助のもと、彼はヘルメットをかぶり命綱を結びつけて一四メートルの深さの盗掘坑を降りていった。「盗掘坑の底部に降りたとき、強い香りが鼻についた」という。のちに調査関係者から聞いた話では、この香気はそれから三年をへてもなお、うっすらと立ち上ってきたので、人々は驚いたという。楊軍は、「私が一見したところ、墓内の規模は非常に大きく、さらに上部機関に通報する必要があった」という。この情報が入ると、江西省文物考古研究所はただちに国家文物局に対して南昌の前漢海昏侯墓の緊急発掘を申請した。そのため「海昏侯墓」は厳重に保護されることになったのである。二〇一五年一月、国家文物局はまた正式にこの墓の考古調査と保護を「国家級」プロジェクトに格上げし、国内最精鋭の考古専門委員会を組織して世界遺産レベルの調査水準による発掘調査指導をおこなった。このためある専門家は感嘆して、「もしかしたら、あと一日通報が遅かったら海昏侯墓は強奪しつくされていただろう」という。まさに天は江西に味方し、幸いにも難をのがれた海昏侯墓はふたたびこの世の光をあびて、江西の歴史文化に豊かな内容を書き添えることになった。

青銅製甬鐘出土現場

八、海昏侯墓——空前絶後の前漢大墓

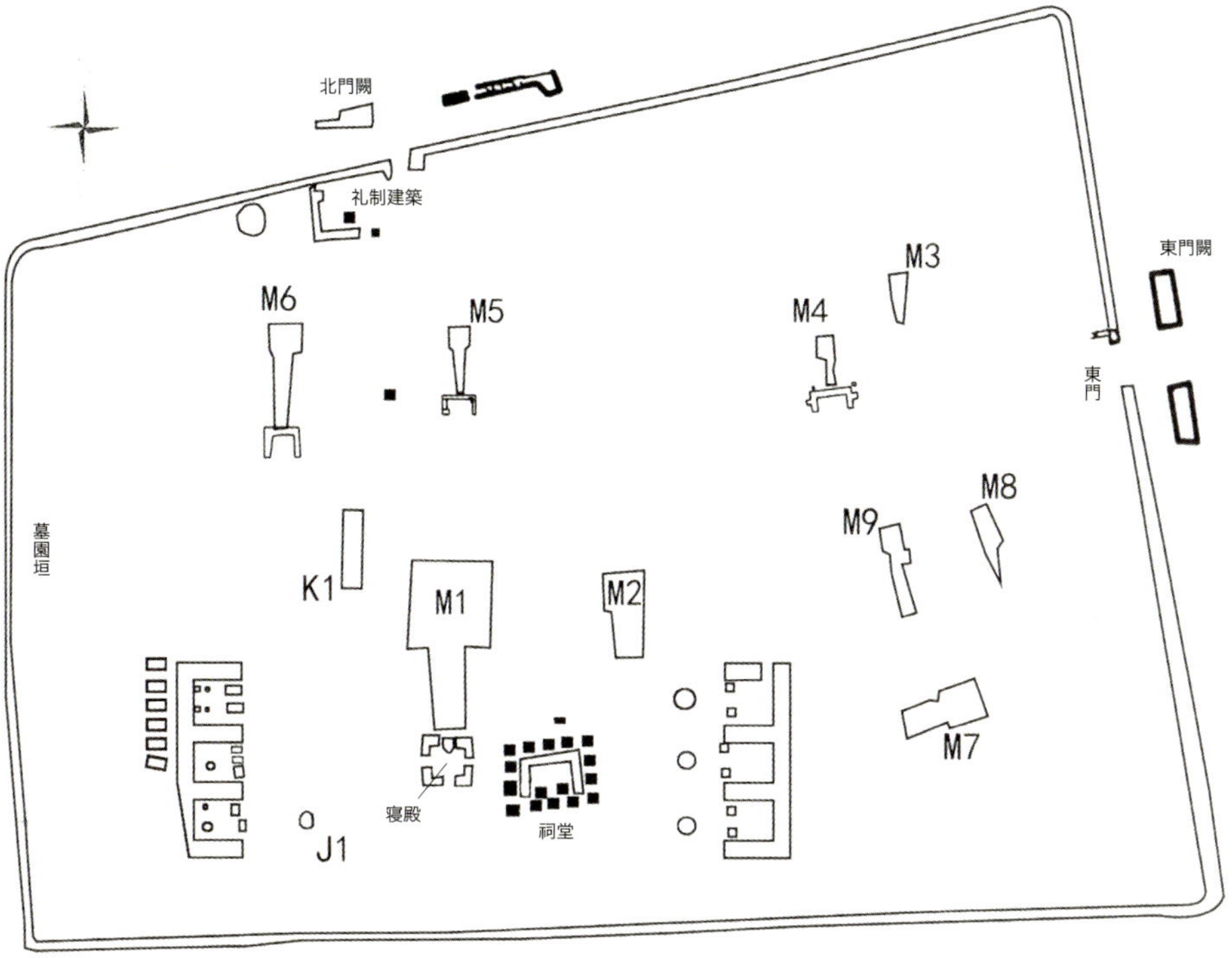

海昏侯の墓園平面図

海昏侯墓はなぜ「空前絶後」といわれるのだろうか？

海昏侯墓の発掘現場をおとずれた人は、その多くがこの目立たない小さな丘の上にこのように大規模な墓葬群があることに震撼する。海昏侯墓は主槨室、回廊、一本の甬道《ようどう》によって構成されており、平面形が「甲」字形をしている。これは前漢列侯墓のひとつの標準的なかたちである。陝西省でかつて発見された漢代富平侯張安世家族墓は、中国で最初に完全に発掘された漢代列侯クラスの家族墓である。富平侯の墓には六つの外蔵坑がある。この外蔵坑は皇帝の特別な許可がなければ使用できない施設である。海昏侯墓はただひとつの外蔵坑があるだけである。我々は驚きを禁じえない。列侯クラスに属し、また皇族の血をひいていながら、待遇にどうしてこのような差があるのだろうか？ それは墓の主を当時の皇帝が重要視し、特別の恩典を施したかどうかにかかっている。

とはいえ、国家文物局考古専門委員会は海昏侯墓は「唯一無二の価値を有している」と一致して評価する。専門委員会の構成員である陝西省考古研究院元院長の焦南峰研究員は、長期にわたって秦漢期の考古発掘調査と研究に従事し、唐の李晦墓、秦漢の蘄年宮《きねんきゅう》区、前漢陽陵邑、秦公陵園第三次探査などの大型考古調査と発掘を主導してきた人物であり、二〇一一年からは南昌の地で海昏侯墓の探査と発掘に参与している。その彼が明言するに、自身が一生のうちに発掘した幾千もの墓のなかで、海昏侯墓は「非常に、非常に得がたい」ものだという。

海昏侯墓が空前絶後である理由はどこにあるのだろうか？

第一に、保存状態が完全であった。中国において前漢列侯墓は、不完全な統計ながら、被葬者名の判明する二十基以上がこれまでに発見されているものの、そのほとんどは墓園がいずれも不完全である。完全な列侯墓園の構成要素には垣墻《えんしょう》・門闕《もんけつ》・外蔵坑・陪葬墓・寝殿・祀廟などがあり、多くの例ではこれらの要素が完全にそろってはいないということである。海昏侯墓がきわめて貴重なものとされる唯一無二の価値は、その保存の完全性にあり、歳月の経過と地質条件上の浸食を除き、海昏侯墓はおおよそ「少しも損なわれていない」。

第二に、未盗掘であった。漢代の墓は「十基のうち九基は空」といわれるように、秦漢から始まった「厚葬」の風潮をうけて、非常に多くの家がその財力を投入し、力を入れて墳墓を建造した。豪族一門はそれを重視し受けいれたが、貧民はその負担に耐えかねた。そのうえ、このような厚葬は墓主を保護する働きをしなかったばかりか、逆に漢墓がしばしば盗掘される重大な原因となった。小説『鬼吹灯』を読んだことのある読者は、みな「摸金校尉」のひどいことを知っているだろう。「摸金校尉」は古代の墓盗人の一派である。史書の記載によると、「摸金校尉」は後漢末に曹操によって設けられた武官の称号で、墓の盗掘により財宝をえて軍用に充てたという。部隊がある場所を占領すると、すぐにその場所が盗掘され、墓から多くの副葬品が盗みだされた。漢代の人がひたすら「死に事《つか》うること、生に事うるが如し」の観念を重んじたことに加えて、漢代は一種の隆盛の世にあり、経済発展の水準も比較的高く、貴族階級は厚葬を指向した。この時期の上層クラスの墓は自然と「摸金校尉」らが「手を下す」重点対象となった。そのため武装した「摸金校尉」が無数の大墓を盗掘し、およそ曹操軍の勢力がおよんだところの漢墓はことごとく盗掘された。「海昏侯墓」は幸い江南に所在し、三国時代には呉の領域で、曹魏軍は鉄蹄をいまだ踏み入れることなく赤壁の戦いで大きな痛手を受けた。このため海昏侯墓群は幸いにこの大きな災いを逃れた。もちろん、ある史料の記載では、海昏侯劉賀の墓はかつて盗掘されたようである。『太平御覧』巻五四九「礼儀部」に引く『異苑』は、「元嘉年間（四二四～四五三年）に、予章の胡家の奴が昌邑王の塚を暴いた……そして金鉤をえた。亡骸は岩中に厳然と存在していた」と記載する。文中の「予章」の地名は、この「昌邑王の塚」が遠方にある山東の昌邑王劉髆の墓ではありえず、かつての予章、現在の江西域内に位置する海昏侯劉賀墓と関係するものであることを示唆している。しかしこの文献のなかの「胡家の奴」が「暴いた」ところの「昌邑王の塚」が本当に劉賀の墓であるかどうかは、さらなる資料の増加を待って判断する必要があるだろう。現在のところ、海昏侯劉賀墓の保存状態および発掘後の状況からみて、この記載とは符合しないようである。

第三に、形状と規格が典型的であった。前漢には皇帝陵・諸侯王陵・列侯墓という三種の上位クラスの墓葬規格があった。海昏侯墓発掘以前に、前漢陽陵（漢の景帝陵）、茂陵（漢の武帝陵）の考古学的調査は十数年を数え、基本的に帝陵の構成要素は把握されていた。南京博物院が発掘した大雲山の江都王陵は、私たちに諸侯王の陵墓規格について比較的十分な理解をあたえてくれた。このたびの海昏侯墓は、典型的な列侯墓の規格をそなえている。海昏侯墓園は海昏侯と侯夫人の墓を中心として建造され、四万平方メートルを占めている。垣、門、二基の大墓と七基の陪葬墓、寝殿と祠堂など多くの建築によって構成されている。墓園内には整った道路と排水施設がある。侯と侯夫人の二基の大墓はひとつの寝殿と祠堂を共有し、七基の陪葬墓の前面にはそれぞれ祠堂がある。これは現在までに発見された漢代列侯の墓園のなかで、構造がもっとも完全で、プランがもっとも明確にわかり、保存状態がもっともよいものであり、前漢列侯の陵寝制度の研究にとって非常に大きな価値がある。

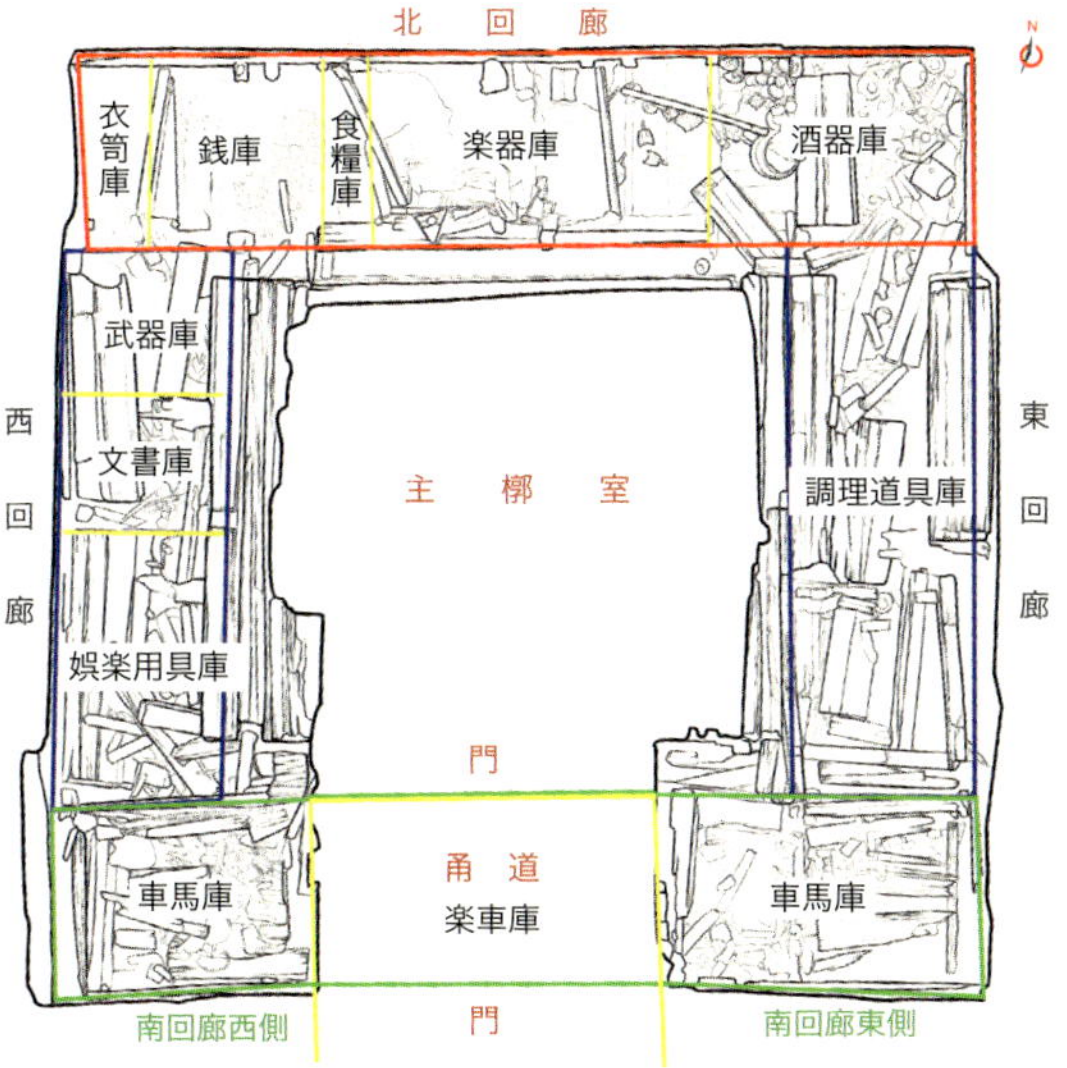

主墓回廊の平面図

江蘇省徐州博物館館長の李銀徳は、両漢期には約千人の列侯がおり、王子侯・功臣侯・外戚侯などがあり、海昏侯墓はモデルケースとしての意義をそなえていると指摘する。両漢の列侯は官職を得ることができたが、その赴任先は封国から離れていることが多い。たとえば長沙馬王堆の軑侯《たいこう》の場合、墓は長沙にありながら、彼の封国は湖北と湖南の境界地域にあり、軑国はその地にあった。したがって、列侯の墓と封国とが一緒にある例は、ほとんど探し出すことができない。ところがこの海昏侯の場合は、完全な陵園をそなえ、侯国の都城をともない、そして周囲にはほかの貴族や平民の墓があったのである。

しかし「モデルケースの墓」とする説に反対する専門家もいる。彼らは劉賀の身分は特殊で、厳格な埋葬等級制度を僭越してはいないが、墓園の規模と副葬品の豊かさは列侯クラスを越えていると考えている。またある専門家は、現在のところ墓園の構造が完全で、ひどい盗掘に遭っていない前漢列侯の墓は、劉賀墓のほかに例がないため、比較ができない状況において結論を下すのは時期尚早とする。この種の学問上の意見の相違は、今後の考古学的発見と研究に非常に大きな余地を残している。

九、海昏侯墓――千年にわたって存在してきた理由

海昏侯墓はなぜ千年にわたって、損なわれることなく完全な状態をとどめることができたのか？

前述のように、考古学界にはもとより「漢墓は十基のうち九基は空」の説があったが、漢代「海昏侯」墓が二千年以上をへて今にいたるまで保存されてきたことは、実に幸いなことであった。

考古学調査者が発見した前漢海昏侯墓の墓園の面積は四万平方メートルあまりで、墓園のなかで発見された祠堂遺跡、井戸址などの遺構から分析すると、当時墓園中で墓を守った人は百人をくだらない。初代海昏侯劉賀から始まり、劉賀の息子・孫・曾孫はみな海昏侯を世襲し、四代一六八年を継承し、後漢の永元十六年（一〇四年）に廃止された。専門家は、墓守が墓園を保護していたため、前漢海昏侯墓は一〇四年以前には完全であったと考えている。

後漢代は漢王室と同じ劉姓であったためか、当時の権力者は海昏侯墓に対して一定の保護的措置を取ったかもしれない。

しかし海昏侯墓は保存状態が完全であったが、「完璧な姿」ではなく、発掘調査者は発掘過程でふたつの盗掘坑を発見した。そのうちひとつは二〇一一年に村人によって発見されたもので、深さ約一四メートル、主槨室の中心位置に直通していた。幸いなことに、棺槨外層は何層もの木材で覆われて保護されており、盗掘者は入り込むことができず、かつ主棺は槨室中央位置にはなかった。もうひとつの盗掘坑は墓室の北西隅にあり、穴のなかには一点の五代十国期の灯明具が残されていた。発掘調査者はこれをもとに古代の盗掘坑であると判断している。しかし五代の盗掘者もまた主槨室に侵入することができず、北西隅のいくつかの漆箱を破壊しただけであった。

史料の記載にもとづくと、東晋の時期に江西では大地震が発生し、海昏侯墓に天然の障壁をつくったかもしれない。三一八年に予章郡で発生したその大地震で、もとの海昏県など予章郡の旧県は鄱陽湖中に沈み、海昏侯墓の墓室は崩れ、地下水に浸った。墓中に水が充満したために生じたこのような無酸素状態は微生物の生育に適さず、墓内の文物は保護されることになり、腐食が進まなかった。当時の人もまた水中の墓を盗掘する方法をもたなかったので、歴史の変遷にともなって海昏侯墓は次第に忘れられ、忘却はすなわち保護の始まりとなった。も

ちろんこれは推測にすぎず、科学的な考証が進むのをまって確定される必要がある。

強調しなければならないのは、資源と人材にめぐまれた江西では、古来より人々は純朴で文化が興隆し、本来的に祖先を敬う心をもち、孝悌忠信と礼儀廉恥を知り、「盗掘する」など論外であり、この墓が今まで幸いにも保存されてきたことは歴代村民の心を尽した保護と無関係ではないということだ。このたびの「海昏侯墓」発見ならびに発掘過程において、周辺の村民がすぐによい行動をとったことでもまたこの点が証明され、これはのちに海昏侯墓を保全するために非常に大きな働きをした。

これについて、中国人民大学国学院の研究者である王子今は『光明日報』に掲載した文章で、次のように述べている。もし文物を保護するという意識のある大塘坪郷観西村村民の通報がなく、さらに使命感と責任感にあふれた考古学者の努力がなければ、海昏侯墓の貴重な文物は破壊され、多くの歴史文化的情報を失い、ただのお宝として市場に流れ、海昏侯墓園に関する考古学的研究もまた重要な資料を失って大きく制限されることになっただろう、と。

海昏侯墓の槨室（主槨室、羨道《せんどう》、回廊形の蔵槨、甬道と甬道両側の車馬庫）

十、海昏侯夫人の墓——
海昏侯にささげた無私の愛

なぜ先に「残らず空になった」のは侯夫人の墓だったのか？

それは二〇一一年の春のある日、南昌市の骨董市場に突然一匹の純金の龍があらわれ、多くのものをみてきた骨董商は一目でそれが本物の「古物」であり、少なくとも皇帝一族の「財宝」であると見抜いた。どこからきたのかを問うと、「宝の持主」はことばを濁した。骨董商は急に疑わしく思い南昌のことばで、まさか「盗品」ではないのだろうねと聞いた。ところが驚いたことにこれは本当に法を犯していたのである。

主墳封土断ち割り後

この情報はすぐさま南昌市公安局にとどき、当地の公安機関は芋づる式に現代の「摸金校尉」集団を一挙に逮捕した。彼らの目的地はまさに新建県大塘坪郷墎墩山上の海昏侯墓群であり、あの金龍はそのうちの一基の墓壙《ぼこう》に由来するもので、その墓はのちに海昏侯の侯夫人墓であることが証明された。海昏侯墓が発見されてから、専門家はこの盗賊団がなぜ先に「侯夫人墓」を盗掘し、それが「海昏侯墓」ではなかったのか、いぶかしがった。もし彼らが先に「海昏侯墓」に手を下していたら、中国の文物考古学研究に大きな損失をあたえていただろう。

考古学者が人々の通報をうけて墎墩山にのぼってみると、前漢海昏侯墓の墳丘上を覆う雑草や灌木、いばらは非常に密生しており、自然環境の変化の影響を受けて外観上それはその左側の小山（侯夫人墓の墳丘）にくらべてやや小さいように見えた。もしかしたら盗掘者は「墓の規模が大きければ墓主人の身分もいっそう高い」という当たり前の考えから推測したために、彼らは先に侯夫人墓に「手を下し」、侯夫人墓を空にした。金龍はそこからでたのである。

「手あたり次第に掘る盗掘者は怖くない。怖いのは学のある盗掘者」というが、もしかした

海昏侯劉賀および夫人墓の外観（主墳発掘前の状況）

らこの盗掘者らは漢墓に対する知識に「欠陥」があったために（墳丘の大小のちがいを除いても、漢墓は右が尊ばれる）、いったん「手を付け」ながらすぐに見切りをつけ、海昏侯墓を盗掘する「千載一遇の好機」を失った。あるいは、あの世にあって「侯夫人墓」が自身の「献身」によって「海昏侯墓」の完全な姿を守ったといえるかもしれない。

「あなたの心が私の心であってほしい、慕いあう心は背くことない」。私たちは侯夫人の姓名・出自・年齢を知らず、海昏侯劉賀にいったい何人の夫人がいたのかもわからないが、きっと「海昏侯」に寄り添って葬られたであろう「侯夫人」は身分が高く、心は誠実であったにちがいない。海昏侯の一生は不幸が多く、侯夫人もまた少なくない辛酸をなめ、のちに海昏侯の身体がますます悪くなると侯夫人は心をつくし、年わずか三十四歳で海昏侯が世を去ると、夫をはやくに亡くした痛みが侯夫人に絶え間ない苦しみをもたらしたにちがいない。

本来は皇后となる運命であったのに、一瞬にして廃帝の妻へと転じたものの彼女は連れ添った。きっと劉賀が海昏侯であった最後の時間のある種の心の慰めとなったにちがいない。なんとつらい運命の女性であったことだろう。たとえ二千年あまりのちであろうと、危急の際には自己の「無私」と「犠牲」によって全世界が夫に関心をもつように身代わりとなり、こうした行動によって自身の夫の「無実を訴え」たいと思うとは。

さらに想像を進めると、海昏侯墓では非常に多くの青銅製の編鐘・編磬・古琴が出土し、さらには二面の非常に精緻に製作された瑟《しつ》が出土した。瑟は古代の酒宴中によく演奏された楽器で、一般に古琴などの楽器と合奏した。そのため中国では昔から「琴瑟相和す」といえば、一般的に男女の合奏であるために、のちに夫婦の情愛が篤《あつ》く通う形容となったといわれがある。はるかに海昏国のあったときに思いをめぐらせると、劉賀と侯夫人の「艱難多き夫婦」は閑暇のときに当時の「流行歌」――漢楽府の「上《じょう》邪《や》」を合奏したかもしれない。「君と相知り、命は長くいつまでも心変わりがないようにと願う。山に陵なく、江水が渇き、冬に雷が鳴り響き、夏に雪が降り、天地が崩れるような天変地異がもしも起こったら、そのときにはあなたと離れよう（そうでないかぎり決して離れはしない）」。すばらしい慰めではないだろうか。

もし盗掘者が「侯夫人墓」に目をつけたのなら、彼らがのちに「海昏侯墓」に一四・八メー

青銅の編鐘（北蔵槨楽器庫より出土）

排簫（北蔵槨中部楽器庫より出土）

瑟（北蔵槨中部楽器庫より出土）

トルの盗掘坑を掘り、主槨室を探しあてることに成功しながらもそのなかに侵入できなかったのは、ただ「物事を知らなかった」からなのか？ それは、ひとつには墓室がはやい時期に地震などの影響ですでに倒壊していたとは予想できなかったためであり、ふたつには「墓主人」が盗掘防止の措置を取り、墓坑の設計時に数々の罠をかけていたとは思わなかったためだろう。

最後に、あらためて「侯夫人」についてふれておかねばならない。「侯夫人墓」の盗掘事件を発端とする一連の対応と強力な関与によって、考古学者が文化遺産を救出する最大限の時間が確保され、前漢海昏侯墓が再びこの世の光を浴びることができたのであり、もしそれがなければ、あるいは海昏侯墓が運よく難を逃れることはできず、これらの「千年宝蔵」も再び人々の間に蒸発し、歴史の破片となってしまったかもしれないだろう。

十一、海昏侯墓群 —— 七基の墓はだれのものか

海昏侯に二千年「お供した」七基の墓はだれのものだろうか？

考古学の発見にもとづくと、南昌市の前漢海昏侯墓園には全部で九基の墓があり、海昏侯と侯夫人の二基の主墓のほかに、さらに七基の墓が発見されている。それでは海昏侯墓園のその他の七基の墓の主人は、だれなのだろうか？

国家博物館研究員・海昏侯墓考古専門委員会委員長の信立祥は、七基の墓の主人は海昏侯家族の一員で、たとえば海昏侯のその他の夫人などであろうと考える。「墓園内に陪葬（合葬、あるいは先につくられた墓の傍らに埋葬することをいう）された墓は、三基にはいずれも祠堂建築があり、前漢列侯の墓園で初めて発見された。祠堂建築の規模と建築のランクからみて、規格は非常に高級なもので、妾とすることはできない」という。ここから、信立祥は、この七基の墓には海昏侯の子の墓が含まれている可能性があるという。換言するならば、七基の墓は歴代の海昏侯およびその家族の墓にちがいない。

韘形《しょうけい》の玉佩《ぎょくはい》

この推測を支持する人に、陝西省考古研究院の研究員で、専門委員会副委員長の張仲立がいる。彼がいうには、文献史料にもとづくと初代海昏侯劉賀には三人の男子がおり、劉充国、劉奉親、劉代宗といった。劉賀の死後、本来はその子の劉充国が侯爵を継承するはずであったが封を受ける前に亡くなり、まもなく世子の劉奉親もまた死去した。漢の朝廷は、昌邑王の一族を絶やす天意として、この機を借りて海昏侯国を廃止し、ほかの人には継承させなかった。元帝が位を継いだのち、ようやく第三子の劉代宗が新たに封ぜられて海昏侯となった。すなわち海昏釐侯《りこう》である。「私個人の推測では、七基の墓のなかに劉充国と劉奉親の墓がある」と張仲立はいう。しかし二人の専門家はともに、発掘調査がすべて完了するまで待って答えをださなければならないとする。

さらに多くの専門家の関心は、劉賀墓の真北方向の五号墓にある。現在この墓の主人に対する見方にはふたつがある。ひとつは墓主を劉賀の子とするものである。この墓のなかから武器が出土したためである。もうひとつは墓主を劉賀の寵妾とするものである。五号墓が劉賀の墓と同一の軸線上にあり、墓上の寝殿もまた最大で、規格も最高ランクであったためである。江西省文物考古研究所所長の徐長青は、五号墓の

主棺はすでに箱ごと取りだされているので、もし棺のなかに人の遺骸があったならば、主墓の劉賀と直接にＤＮＡの比較をすることができる。事実がどうであったかは、つづく科学分析調査を待って答えを出さねばならない。

北京大学考古文博学院教授の趙化成によると、五号墓主人の性別が非常に重要で、「列侯墓の墓園は、諸侯王墓と同じように墓園内にただ夫人のみを埋葬することができたのか」が判断できる。先秦考古学の研究者である李零は、海昏侯四代の在位期間は非常に長く、もし墓園中に劉賀の子の墓が本当にあったなら、彼らの間の年代関係を整理することができるだろうと考えている。

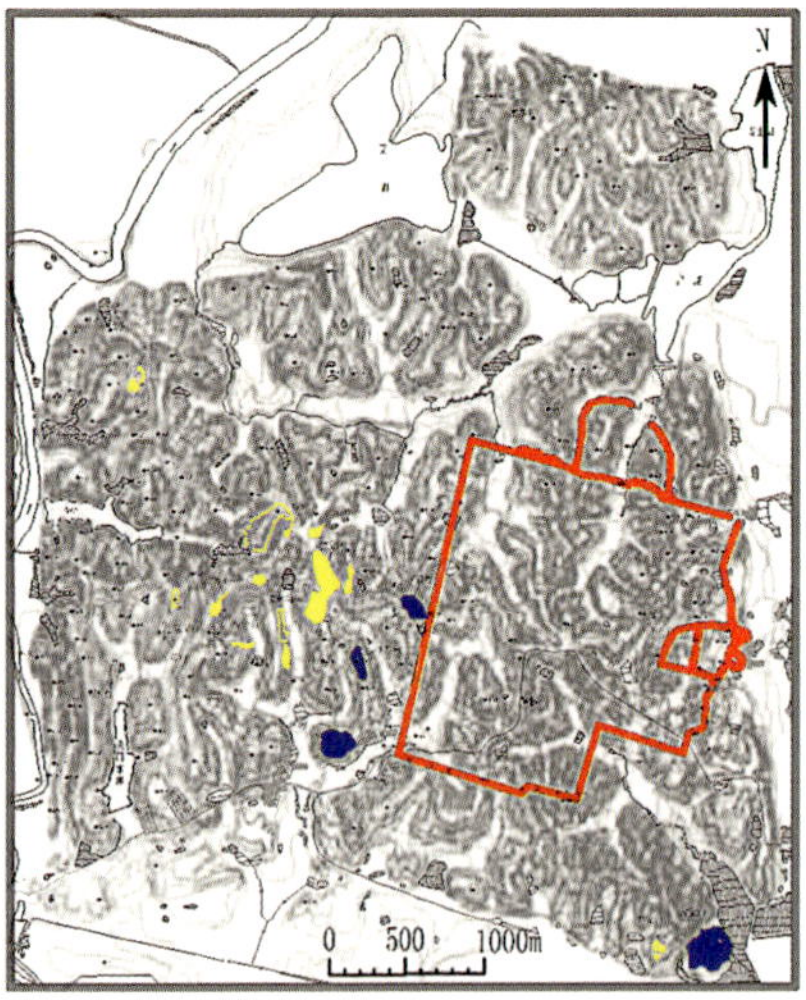

海昏侯国の地理位置

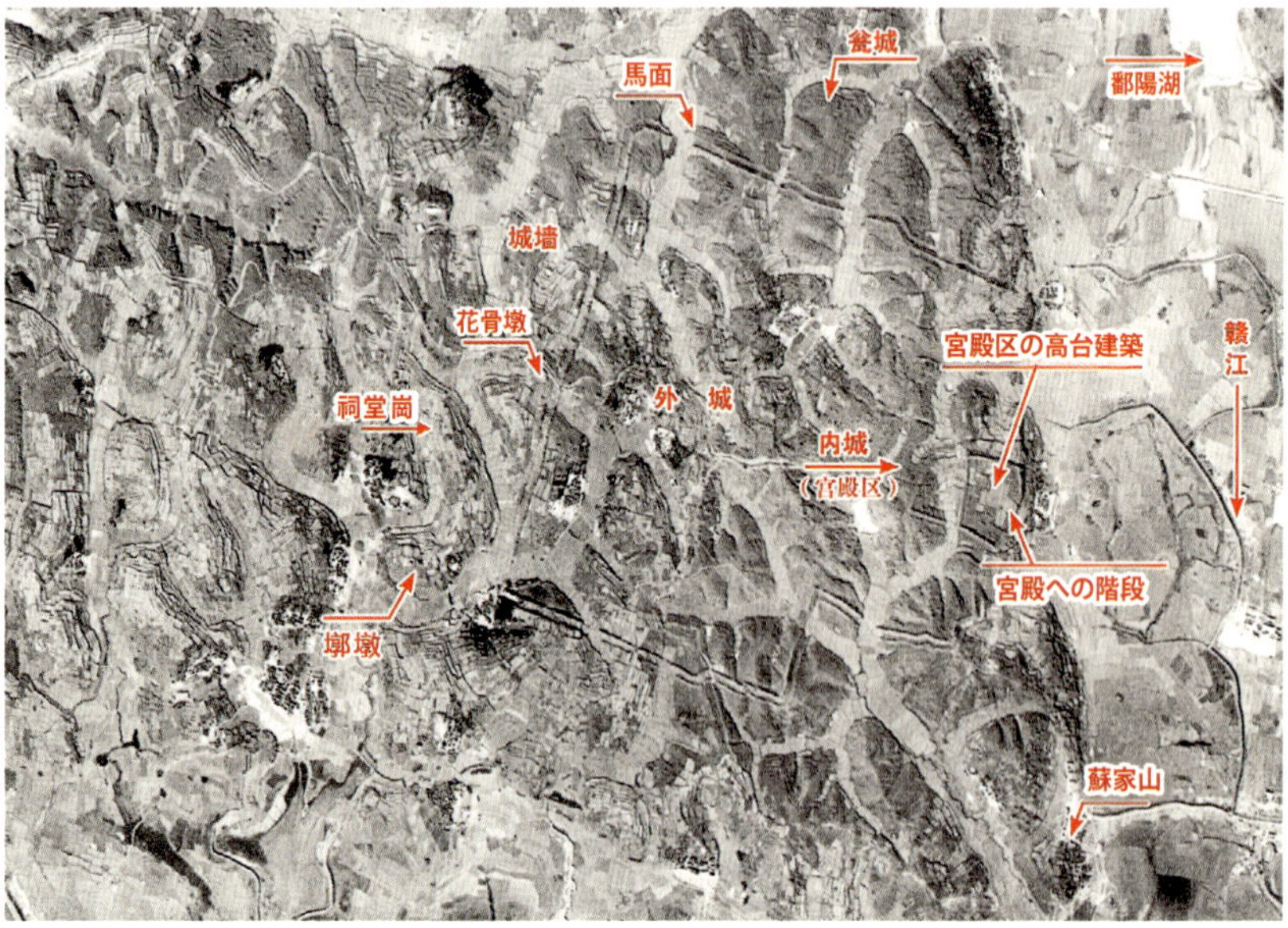

海昏侯国の都城と墓葬区の分布

十二、海昏侯墓――封土に隠された「真のすがた」

封土の高さは海昏侯墓の「真のすがた」をさぐるのに役だったのだろうか？

海昏侯墓の墓葬群には多くの墓壙があり、墎墩山で盗掘事件が発生して以降、国家の関係部門と現地の文物保護部門が迅速に介入し、数年で探査と測量を実施し、多くの事前準備調査をおこなった。海昏侯墓地の発掘過程でわかったのは、海昏侯の墓園の平面形は台形で、一辺は八六八メートルに達し、保存状態が完全に近い垣があり、そのなかには全部で二基の主墓、七基の墓とひとつの車馬坑があるということだ。

青銅の鼎

それではどのようにしてその墓が海昏侯本人のものであると判断したのだろうか。調査で判明したことによれば、侯と侯夫人の二基の主墓は墓園のもっとも高い中心位置を占めており、東と西にふたつの墳丘があり、西が侯、東が侯夫人で、ともに截頭方錐形である。二〇一一年に盗掘者が手放そうとした金龍は盗掘された侯夫人墓から出土したものである。

墳丘の形状は、戦国時代より方形、すなわち截頭方錐形を尊んだ。七基の墓は主に墓園の南東側と北側、そしてひとつの車馬坑は西側に分布していた。そのうち盛土はもっとも主要な判断根拠である。海昏侯墓の盛土は、雑草・灌木・いばらによって、非常に密に覆われていた。本来であれば海昏侯墓が侯夫人墓よりも高くあるべきであるが、二千年以上が過ぎ、たびかさなる地震や洪水などの自然の影響を受け、ふたつの盛土の外観には若干の変化が生じ、海昏侯墓の盛土が左側の侯夫人墓よりもやや小さくなったのであろう。しかし考古学者らの分析では、漢代の墓葬は右を尊び、右側の盛土下の墓主人がより身分が高いといい、事実発掘の結果はそのとおりであった。考古隊がふたつの盛土の地表で調査をおこなってわかったのは、前漢海昏侯墓の盛土は侯夫人墓の盛土よりさらに大

主墓墓室の俯瞰図

きいことで、また版築、祭台なども左にくらべて大きかった。歴史のさまざまなめぐりあわせが重なって海昏侯墓は運よく難を逃れたのである。これに史書と地方志の記載が加わり、大墓の集中的な発掘調査によってつぎつぎと出土した各種文物が相互に実証しあい、国家を代表する考古専門家のたびかさなる研究をへて、この漢代の大墓がまさに海昏侯墓であることが確定した。

十三、海昏侯墓の主人——
それは「漢廃帝」劉賀である

どのようにすれば大墓の主人が劉賀であると確定できるのだろうか？

大墓の発掘が始まってから人々はずっと問い続けてきた。これは伝説中の「海昏侯墓」なのか？ もしかしたら、それは初代「海昏侯」劉賀の墓なのか？と。発掘調査が次第に進むにつれて、すべての謎の答もまた次第に明らかになっていった。

海昏侯の爵位は継承されて後漢まで続き、史料は四代であったと記載する。初代海昏侯は漢の廃帝劉賀で、すなわち第二代昌邑王である。第二代は海昏釐《り》侯劉代宗、第三代は海昏原侯劉保世で、劉会邑が位を継いだ。王莽の新王朝のときに劉会邑は一度領地を削られ庶民に落とされた。このうち初代海昏侯劉賀の生涯はもっとも数奇なもので、一生に王、帝、侯という運命の起伏に富んだ変化を経験した。彼は漢の武帝の孫、初代昌邑王劉髆の子で、かつて権臣霍光《かくこう》によって帝位に上げられたが、二十七日で廃位に遭い、漢代で在位期間がもっとも短い皇帝となった。

漢の廃帝——劉賀

これ以前に、ある専門家が墓の位置をもとに墓主人が劉賀であると推定したのは理由がないわけではない。墎墩山墓地は紫金城の西南隅に位置しており、この墓の主人は侯国のなかの最重要人物のひとりであることを示している。というのも、紫金城の主門は全体として東向きであり、それを九〇度回転させて門を南向きとするならば、もっとも墓をつくるのに好ましいのは北西で、現在は西南にある。そして、もっとも重要で最高の地点を埋葬に用いるのは初代海昏侯にちがいない。

現在、さまざまな種類の証拠が明らかに示している墓主人は「廃帝」劉賀である。たとえば非常に多くの「昌邑」銘漆器上には「昌邑九年」「昌邑十一年」の文字があり、専門家の解説によるとこれはこの漆器の製作時期で、ちょうど劉賀が昌邑王の時期である。ほかに海昏侯墓中の「楽器庫」からは二組の編鐘と一組の編磬が出土し、このうち編鍾の保存状態は比較的良好であった。『周礼』の礼楽制度によると、皇帝は四組、王は三組と推測され、海昏侯墓から出土した三組の楽器は、墓主が「侯」の身分より高いことを示している。また出土した円形の金餅上に調査員がぼんやりとした墨書文字を発見し、重要なキーワード「南藩海昏侯臣賀……元康」を釈読した。「賀」の字が示しているのは初代海昏侯劉賀で、「元康」は漢の宣帝劉詢の三番目の元号（前六五～前六一年）である。専門家はさらに墓主が朝廷に送った上奏文の副本である木牘《もくとく》をみつけた。すなわち海昏侯と侯夫人が皇帝と皇太后に書き送った上奏文の副本で、詳細にみると、木牘上には「海昏侯臣賀」「陛下」「太后陛下に呈す」「元康四年六月」などの字をはっきり読むことができた。主棺付近ではさらに四文字を刻んだ一点の玉印が発見され、そこに「大劉記印」と刻まれていた。そしてもっとも重要な鍵となる証拠は、二〇一六年一月十七日にあらわれた。発掘調査者が内棺を開けると、墓主人の遺体の痕跡がまだ残っており、遺体の腰部の位置に一点の白色の玉印が置かれていた。玉印上には「劉賀」の二文字が刻まれていた。専門家の解説によると、これは劉賀の私印である。両漢期において印章はよくある副葬品のひとつで、墓主人の身分を判断するもっとも直接的な証拠である。これらのすでに発見された品々からみて、大墓の主人は絶対に別人ではありえない。まぎれもなく彼は初代海昏侯で「漢廃帝」劉賀である。二〇一六年三月二日午前、江西省人民政府は北京首都博物館で「南昌漢代海昏侯国考古成果速報会」を開催し、専門委員会は墓主が明らかに「漢廃帝」劉賀であると認定した。ここにいたり、「海昏侯」墓主人の身元に関する疑問はすべて決着をみた。

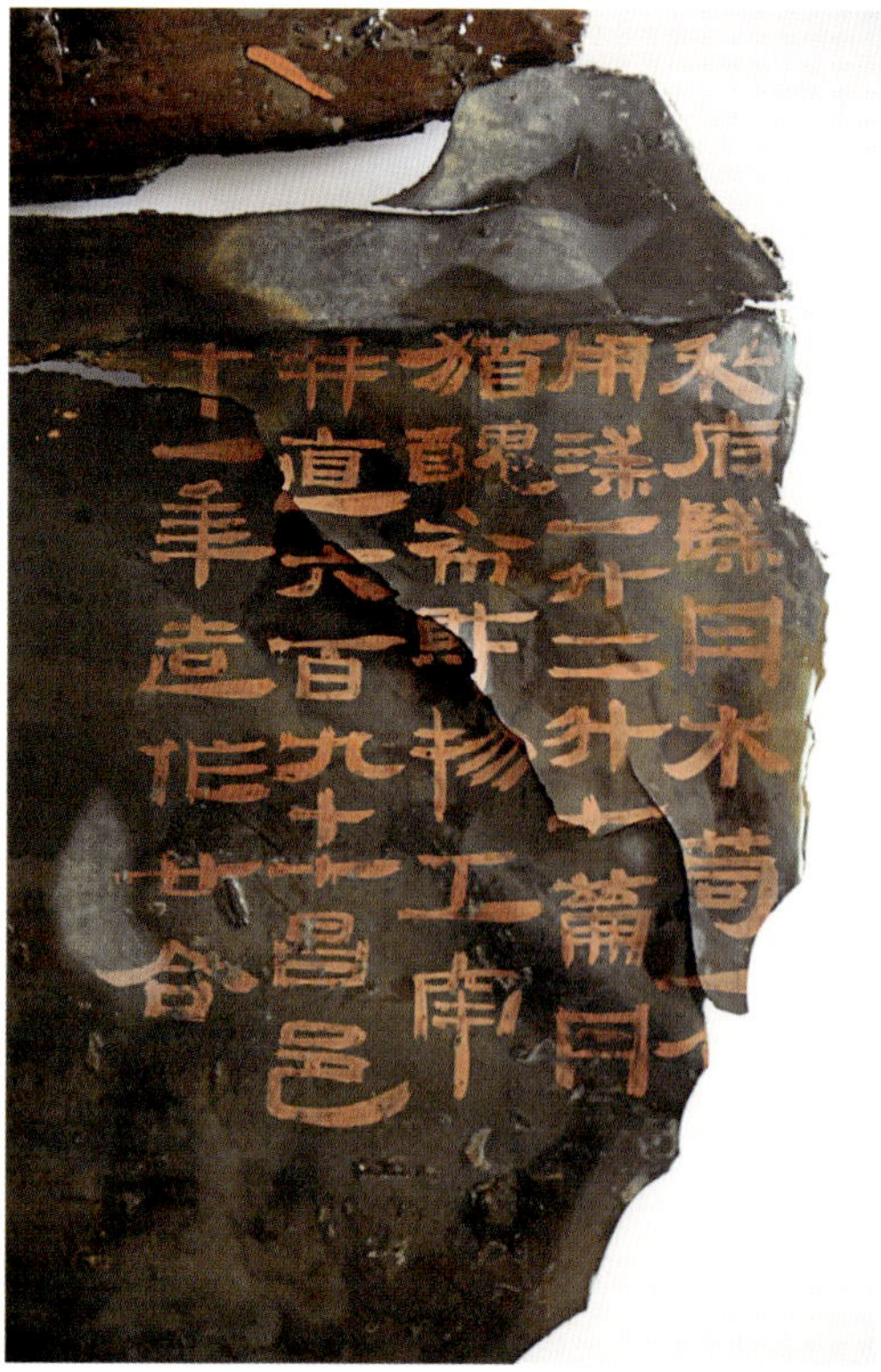

「昌邑十一年」年号と文物の名称

「昌邑九年」などの文字のある漆笥（西蔵槨衣笥庫より出土）

十四、劉賀の印 —— 汚れなき印章は語る

劉賀がもつ多くの「身分」証は何を暗示するのだろうか？

私印は古代人の身分証のようなものである。劉賀墓で前後して発見されたいくつかの印章は、地下で劉賀の身辺に数千年間あり、今日再び発見された。依然としてきめ細かく滑らかで美しいそれらは、それぞれ何を暗示しているのだろうか？

もっとも新しく発見された一点の玉印は内棺のなかにあり、劉賀の身分を直接に証明した。それは漢代によくみられる方寸（一辺約二・三センチメートル）の印で、印面はシンプルで、ただ「劉賀」の二文字があることから劉賀の私印と判断される。これは劉賀の身元を確定するもっとも重要な証拠で、現在の我々が人ごとに手にする「身分証」に相当する。

「劉賀」の名前が刻まれた玉印

ただ私印のみというのはだめであり、古の人はその点きちんとしていたので漢代の印章には官印と私印の二種類がある。『漢官儀』の記載によれば、「諸侯王は黄金璽、橐駝鈕《たくだちゅう》。列侯ないし丞相、太尉、三公、前・後・左・右・将軍は黄金印、亀鈕。中二千石は銀印、亀鈕」である。このため海昏侯の身分に照らすと、劉賀の棺内を精査して、もし官印が発見されたなら、亀鈕の黄金印である可能性が非常に高い。

劉賀は二十七日間とはいえ皇帝だったのであり、彼の最高の身分は皇帝ではないかと思う人もいるだろう。棺のなかに彼の玉璽が出現することがあるのだろうか？・それは考えすぎである。玉璽は最高権力を象徴する公印で、伝世の品、伝国の宝で、唯一無二の和氏《かし》の璧《へき》を用いて製作された。皇帝も玉璽を私蔵することができず、璽印郎という専属官吏が玉璽の管理をおこなった。劉賀が廃されると、玉璽は当然返上しなければならなかった。周知のように、玉璽は皇帝の証明であり、宮廷で政変が起こったときには、皇帝権力の象徴として玉璽を奪ったのである。かつてこのようなエピソードがあった。前漢の重臣霍光は、昭帝のときに一度郎官に玉璽を求めた。霍光が何をしたいのかをだれも知らなかったが、郎官は職責を厳守し、あくまで霍光に渡そうとせず、最後には霍光も諦めるほかなかった。これは朝廷の掟で、私たちが今日いうところの「きまり」である。皇帝の「権力と地位を簒奪」しようと思うのでなければ、人はきまりを超えてはならないのである。劉賀が用いたことのある玉璽は、そのため海昏侯墓の

「大劉記印」印章
（亀鈕。主槨室東室南部より出土）

なかではみつからないのである。

興味深いことに、主槨室で文字のない印章がひとつ発見された。文字のない印章が出土した墓は多くないが、きわめて稀というほどでもない。一九六八年に発見された満城漢墓でも、墓主の印章のなかに無文字印があった。これにはふたつの可能性があり、ひとつは墓主が死亡したときに、印章の彫刻が間にあわなかったのかもしれない。あるいは「死に事うること、生に事うるが如し」というように、墓主は死後に別の世界へとおもむくと信じられたことから、新たな印章を彫る必要があると考えて無文字の印章を残したのかもしれない。

劉賀墓からはさらに一点の「大劉記印」が出土し、ひろく議論を引きおこした。この印は玉製で、亀鈕、一辺一・七センチメートル、精巧に製作されており四字の篆書銘文がある。これはどのような深い意味を伝えようとしているのだろうか？　海昏侯は王子侯に属し、それに封ぜられた者はみな劉氏宗族であった。漢印のなかには「巨＋姓氏」の例が多くあり、たとえば「巨李」「巨孟千万」「巨董」「巨陳君」などの印である。また「大＋姓氏」もあり、たとえば「大朱君」「大徐千万」などがある。「巨」「大」には、それを称した家族の指向性があらわれている。「大劉記印」は私印で、皇族劉氏であることを明らかにすることに重点があり、逆に海昏侯個人の情報を回避しているようである。これはこれまでに発見された高位クラスの印章のなかで非常にめずらしいことである。わかりやすくはっきりいうと、劉賀が私的に刻んだこの方印は、自身の「高貴な出自」をひけらかすためのものであり、あるいはその「海昏侯」というちっぽけな封号を劉賀は本来的に重視していなかったのかもしれない。

私印はきまりが不明確ではあるが、漢代の高位クラスの印章では、印の鈕が往々にして持ち主の政治身分を暗示し、また一種の政治文化を体現している。衛宏『漢旧儀』に「皇帝の六璽は、いずれも白玉、螭虎鈕《ちこちゅう》」というのにくらべると亀鈕は下になるが、亀鈕はそれとは異なる独自の意味がある。『漢旧儀』は亀鈕印について、「亀は陰のものである。文様のある甲羅を抱き、ときに内に隠れる。これによって臣の道で功を成し、また退くさまを示している」と解釈する。「大劉記印」は海昏侯印であり、亀鈕を採用してこのような臣従の寓意を含め、また列侯の政治的身分であることにあわせている。しかし印文は「大劉」を強調し、臣従の身分にあわないようである。ある専門家はこのことか

青銅提梁卣（西周時代、北蔵槨東部の酒器庫より出土）

ら、「大劉記印」は印面の文字と印のつくりに特殊なところがあるとみており、これはあるいは海昏侯の特殊な身分と境遇にかかわるもので、印章製作時の特殊で複雑な心理状態を反映しているのかもしれない。

その実、このような心理は理解できるもので、劉賀が本心では自身が正統な皇室の血をひくと考えていたことが傲慢さにつながったのである。彼の前に皇帝となった昭帝は漢の武帝の子で、あとを継いだ宣帝は劉賀の伯父の孫であった。宣帝の祖父は太子であったが、武帝自身によって廃された。劉賀はそれとはちがい、その祖母李夫人は漢の武帝がもっとも寵愛した女性であった。その寵愛ぶりは、李夫人の墓が、武帝の陵寝《りょうしん》である茂陵《もりょう》のなかで唯一の女性の墓であることからもうかがえよう。李夫人の病没後、武帝は思いを断ち切れず、方士を集めて壇を設けて法をつかい、もう一度会いたいと望んだが会うことはできず、悲嘆にくれて次のようなことばを残した。「そなたか？それとも別人か？私はここに立ちそなたを望んだが、どうしてゆるりと来たりて、すぐに去ってしまうのか」（これが熟語の「姍姍《さんさん》来遅」の出典である）。李夫人は、皇后の礼をもって葬られた。劉賀の父親の劉髆は、武帝と李夫人の唯一の男児で、非常に栄あり寵愛を受ける身であったであろう。このように劉賀が思っていたことが、ありありと目にうかぶ。

劉賀は廃されただけでなく、権臣霍光によって排除された。もし彼に「不服かどうか」と尋ねたら、彼は内心ではきっと大いに「不服」であっただろう。身分からみると、彼は霍光を指導する立場にあった。親族間の長幼の序列からみると、彼は宣帝の叔父の世代であり、霍光が権力を掌握し宣帝に近いとはいっても、「下が上を犯している」疑いがある。思い起こせば、「宮変」ののちに宣帝が即位した際、政治的に重視したのは「武帝を追慕する」、つまり武帝の正統を継承するということであり、それによって彼こそが正真正銘の偉大な漢帝国の「継承者」であることを表明しようとしたのである。当時の政治と社会の状況からみると、宣帝が突然即位したことについて論争があったにちがいない。そこで劉賀はこっそりと自身のためにこのような「大劉記印」を彫り、暗に「武帝の正統であり、大たり」の深意を込めたのかもしれない。

十五、劉賀――「悲しく」また「短命」な皇帝

第二代昌邑王劉賀は、狩猟・舟遊び・歌舞娯楽に興じ、憂慮のない生活を送っていた。

なぜ劉賀は歴史上もっとも「悲哀に満ちた」皇帝といわれるのだろうか？

「漢廃帝」劉賀は、前漢第九代皇帝であったが、わずか二十七日間の皇帝であったにすぎず、中国史上在位期間がもっとも短い皇帝で、その歴史上の地位は漢代の歴代皇帝のなかで一般的に取るに足らないものとされ、その生涯は主に『漢書』「武五子伝」のなかに記される。その一生涯は「悲しみを誘い」また「短命」なものであったといえる。

劉賀の父親劉髆は、武帝劉徹が寵愛した絶世の美女李夫人の生んだ子であった。その李夫人の美しさは、いかほどであっただろうか。当時、武帝の前で披露された詩には「北方に佳人あり。絶世にして独立す。一顧すれば人の城を傾け、再顧すれば人の国を傾く。いずくんぞ傾城と傾国を知らざらんや。佳人は再び得難し」という。どうだろうか、この詩の驚くほどの美しさは。

劉髆は山東の巨野で初代昌邑王に封ぜられ、のちに劉賀が父の位を継いで昌邑王に立てられた。劉賀が昌邑王に立てられてから十三年後、

昭帝の突然の「崩御」に遭い、前漢の重臣霍光の主導のもと、朝臣は十九歳の劉賀を迎え、漢王朝の帝位を継承させた。うまくはいかないもので、本来静かに「昌邑王」として過ごすことができたであろうに、逆にこれが劉賀の運命の転換点となった。

　伝えられているところによると、朝廷が昌邑王を京に迎える使者を送ると、劉賀は夜に璽書を読み、いてもたってもいられなくなった。思いがけないこのような「棚から牡丹餅」の幸運に接すると、得意絶頂となって躍りあがって喜び、客間のなかで「范進、挙に中《あた》る（思いがけない幸運に狂喜する）」がごとく歓喜雀躍した。「ハハハ、すぐに皇帝になるぞ」と。王府中尉の王吉は、劉賀が朝臣の前で失態を犯すのをみて劉賀に陳情し、「現在はまだ先帝の服喪期間中であるので、殿下はまだ悲痛な表情態度をあらわしてしかるべきなのに、このような様子をみせて大いに面目を失ったのです」と諫めた。

　そのあと王吉はまた上書して昌邑王を諫めた。今殿下は皇帝の身分をあたえられたといっても、それは霍光が選択したひとつの「傀儡《かいらい》」に過ぎません。即位後には昭帝と同じように「何もせずただ君臨し」また「慎んで何もこちらから起こすことがない」ようになさいませ。要するに今後「君に迎えるよう推薦抜擢」した権臣の大将軍霍光に対して、「彼を奉じる所が多く、彼を重く敬い、国家政治はあの方のいうことをよく聞く必要があります。殿下はただ治めるにあたっては何もしない必要があり、君と称して南面していればよく、決して妄《みだ》りに発言したりしてはなりません。霍光は私たちがかなうような相手ではないのです」と。

　まだ年が若すぎたためであろうか、あるいは「幸福がやってくるのがあまりに唐突であった」ためであろうか、のぼせあがってしまった劉賀は、自分が近々皇帝になることを思うと、どうして一家臣の「忠言」を聞き入れられようかと、すぐに従僕に命じて旅装を整えさせると、夜にもかかわらず出発し、馬に鞭を加え、京へ向かって走らせた。伝えられるところでは、この路上で劉賀は立場をわきまえず、女をさらい、乱暴悪事をはたらき、駕を迎えた使者の不興を買った。長安に到着すると、古制にしたがって、劉賀はまず皇太子にたてられ、昭帝の葬礼をとりおこなった。しかし劉賀は「きまりを知らなかった」ため、葬礼前後の彼の言動は、また非難の対象となった。葬礼が終わったあと、劉賀は皇太子として未央宮に入り、正式に即位して皇帝となった。ときは漢の元平元年（前七四年）六月であった。

　あるいは、深謀遠慮の霍光がどうしてこのような愚か者を選んだのか、まさか劉氏一族には彼よりふさわしい人がいなかったのだろうか、と思う人もいるだろう。実際、当時は昭帝の兄のひとりである広陵王劉胥《りゅうしょ》が存命で、昭帝の甥には劉賀のほかに帝位を継承できる若干の「優秀な人材」がおり、なかには劉賀よりもはるかに「徳才兼備」の人物がいたにもかかわらず、大将軍霍光はどうしてよりによってこの年若く軽率な昌邑王劉賀を選んだのだろうか？

　史料の記載によると、もともとこれらの甥らは多くが政治的理由によって身分や地位を失っていた。そのほか、昭帝にはさらにその兄弟の孫がおり、のちの宣帝劉詢もいた。年齢は劉賀とあまり変わらず、品行と素質は劉賀にくらべて大いに勝っていたが、政治的な理由によって当時はまだ民間に落ちて流浪していた。「政治的理由」とは何か？それは先帝昭帝あるいは霍光にとって目ざわりであった、あるいはどの「派閥」にも加わっていなかったことであった。

　そのため、実際に帝位を継承しえたのはふたりだけだった。広陵王劉胥と昌邑王劉賀である。当時の大臣らはみな広陵王を支持したが、大将軍霍光は広陵王をたてたいと思わず、「品

「昌邑籍田」の銘がある青銅鼎（主槨室東室南部より出土）

「昌邑籍田」青銅鼎の銘文

行とのわず」という理由で広陵王の皇位継承資格を剥奪した。このように霍光の独断采配で昌邑王劉賀は順調に昭帝の後継者となった。霍光が劉賀を選んだのは、劉賀の品行がどのようかということとは無関係であった。仮に劉賀の品行がよかったとしても、劉賀は無分別な若者でしかなく、劉胥のほうがはるかに老成していた。このような意味でいうと、政治闘争においては、劉賀はずっと幼稚で、霍光が掌握しやすかったのである。

それならば、問題がまたひとつ生まれる。霍光は劉賀を皇帝に擁立したのに、なぜ慌ただしく彼を廃したのか？史書の記載によると、劉賀は即位したのち、自身の姓が何であるかを知らず、まったく他人の忠告を聞かず、行いと振るまいはさらに軽率を加えた。数日をおかずして、このような「傀儡皇帝」となることに満足せず、なんと「真の皇帝」になろうと思い、かつて彼のそばにいた昌邑王国の家臣や官吏を入京するよう呼びよせ、手続きを踏まず規則を超えて抜擢重用し、当時の朝廷の「人材登用制度」に深刻な違反をした。そして朝廷の旧臣や忠臣の言にはいっさい耳をかさず、そのために非常に多くの在京高官と「古参幹部」が罪をえた。

さらに厄介なことに、まだ地位が安定しない

漢宣帝劉詢像

劉賀は霍光を「眼の上のたんこぶ」と見なしはじめ、手下とともに密謀して霍光に対して排除行動をとる準備をし、霍光が長期にわたって朝廷の統治権を総攬《そうらん》してきたその体制を転覆しようとしたのである。「百戦錬磨」「不撓不屈」といわれる霍光はどのような人か？もとより一時代の権勢をきわめた人物であり、情報収集の耳目を多く持っていたから、これについても聞くところがあったにちがいない。さらに朝廷の一部高官と「古参幹部」が劉賀の服喪期間と即位後の行動にもともと多くの不満を持っていたことが加わって、次から次へと霍光に「状況報告」した。霍光はどんなに怒ったか。「私の眼は節穴だった、こんなやつを用いるとは」。

つづいて劉賀は近衛軍の禁衛兵馬の調整に着手し、「王相安楽を長楽衛尉に遷す」命を下し、太后の寝宮である長楽宮の衛士を掌握した。それは上官太后の言動あるいは生命の安否にかかわる重要な役職で、現代中国の「中央警備局」に相当した。霍光はこの状況を目にすると手をうった。このことによって完全に激怒した霍光は、ここで決断しなければかえって乱を招くとみて、断固たる処置をとり、先手を打って驚くべき宮廷政変を起こした。

朝廷の重臣と権謀術数に長けた霍光に対して、年若く軽率で性急な劉賀はその相手ではなかった。霍光は密謀、気脈を通じて団結を進め、丞相を連署の筆頭として太后の名をかたって、強力な手段を用いて強く脅迫して果敢に攻めたてると、相手は枯れ木を引き倒すようにもろくも崩れ、刀の刃を血塗らずして勝利を収め、迅速に劉賀を捕えた。

劉賀の「悲哀」は、帝位の座が温まらないうちに他人によって廃されたことである。廃位の日、霍光が「中央の決定」を宣布する際にその罪を列挙し、昌邑王は「璽を受けて二十七日の間に、使者が節を持って往来し、諸官署に詔して徴発すること、およそ一一二七事」と述べた。即位してわずか二十七日で一一二七件の不祥事を起こしたので、「劣悪極まりない」というのである。「淫乱を行う」「淫辟を行う」という罪名によってその帝位を廃され、故国昌邑への帰国を命ぜられた。長々と述べられたその罪状は、要するに「生活態度の問題」にすぎない。

しかし、劉賀が封国から都へともなってきた旧臣二百余人は、まさに悲惨であった。多くが霍光から「助言指導をせず、王を悪に陥れた」罪名でことごとく誅殺された。

劉賀が廃されたのち、霍光ら大臣は武帝劉徹の曾孫で、戻《れい》太子劉拠の孫、史皇孫劉進の子の劉詢、もとの名は劉病已《へいい》を宮中に迎え入れた。まず陽武侯に封ぜられ、次いで帝位についた。漢の第十代皇帝、すなわち宣帝である。十年後、宣帝は詔《みことのり》を下して劉賀を海昏侯に封じ、劉賀は予章郡の海昏国封地に居を移した。ここから南昌のこの地との関係が生まれたのである。

十六、劉賀――「王、帝、侯」を一身に集めた数奇な人生

劉賀はどのように「王、帝、侯」という数奇な一生を送ったのだろうか？

のちの人は、劉賀を始めから終わりまで「稀有」であったと評するが、その数奇さはどこにあるのか？これはその個性面の問題によるだけでなく、さらにまた別の重要な原因がある。すなわち劉賀の人生は非常に曲折し、さまざまに語られてきたが、どの一面が真実の劉賀であるのだろうか？これがまた歴史家の興味を引きつける。

紀元前九二年、劉賀が生まれる。『漢書』には彼の起伏に富んだ一生が記載されている。すなわち五歳で王となり、十九歳で帝を称し、在位二十七日後に廃されたのち、平民の身分で山東に十年近く幽閉され、三十歳で海昏侯となって予章郡に居を移し、五年を待たずして封地で世を去った。享年三十四歳であった。

劉賀は在世の三十四年間に、王・皇帝・平民・侯の四種類の身分変転を経験した。劉賀は武帝劉徹の孫で、その父劉髆はすなわち劉徹と孝武李皇后（史書では李夫人と称され、武帝が一生でもっとも愛した女性）の生んだ子である。紀元前九十七年、劉髆は「昌邑王」の封を受け、昌邑（現在の山東省巨野県大謝集鎮）に都を置いた。十年後に劉髆が亡くなると、彼の唯一の男子である歳わずか五歳の劉賀が王位を継ぎ、第二代昌邑王となった。このような輝かしい身の上と家庭環境が、劉賀の「財力も権力もありわがまま」な個性をつくった。史料の記載にもとづくと、劉賀は昌邑国において幼いときから驕慢にして放埒で、おこないは少しも自制するところがなく、典型的な「親の七光りの二代目」の若者であった。馬を走らせることと狩りを好む以外は、ひとつもよい所がなく、これもまた皇帝在位二十七日にして廃された伏線であった。

劉賀が十九歳のときに昭帝劉弗陵が崩御し、劉賀は大将軍霍光の主導のもとに皇位継承者となった。史書のいうところでは、劉賀は家臣二百人以上をともなって京へやってきて即位すると、毎日これらの家臣たちと飲酒し楽しく騒ぎ、淫らな戯れは限度がなく、法を無視し、政治に構わず、即位二十七日で一一二七件の不祥事を起こし皇宮に暗い瘴気を立ち込めさせた。もっとも致命的であったのは、重臣霍光に対して「クーデターを画策」したことである。これはとんでもないことで、霍光はこれによって劉賀を大任に堪えないとみて、大臣らと協議したあと上官皇太后に上奏して詔を下すことを請い、その月に劉賀を廃し、宣帝をたてた。そして、朝廷の「大幅降下」処分によって、劉賀を山東省巨野県の昌邑に追い返し、平民に落とした。

皇太后は武帳のなかに坐し、霍光が群臣と連名で劉賀を弾劾した奏上文を承認する詔を下すと、劉賀は皇帝の玉座から引きずり降ろされた。

しかしある研究者は、当時の真相背景からみて、劉賀がひどい汚名をきせられたのは霍光による廃立の結果であり、さらに霍光の専制強化という政治的な目的を達成するためであったと考えており、封建社会における政治闘争の複雑性と残忍性をあらわしているのだという。この廃立の荒波のなかで、劉賀は霍光が弄した権謀のためのひとつの政治的道具にすぎなかった。それから十年がたち、劉賀が二十九歳になったとき、すでに霍光は病死しており、宣帝が親政をおこなっていた。権力基盤が固まった宣帝にとって、劉賀はすでに恐れるに足らず、皇帝の大叔父の子であることに鑑み、詔を下して劉賀を海昏侯に封じ、食邑四千戸をあたえ、江西の海昏侯国の封地に居を移させた。

もともと宮廷から遠ざけるためだったからか、基本的に王侯の生活待遇を保証されていた。しかし劉賀の悪運はまだこれで終わらなかった。劉賀は「天の棄てたところ」の「愚鈍な廃された人」とみなされ、昌邑に戻って十年間、たびたび地方官吏の厳重な監視を受けた。そして長安からさらに遠く離れた「海昏国」に移ってからも、「揚州刺史柯」と「予章太守廖」が「一層気にかける」ことを忘れず、その言行を報告したり、その世継ぎに関心をもったりした。数年後、劉賀は言葉上の失敗によって宣帝から「戸三千を削る」裁定を受け、これによる打撃で劉賀は鬱々として楽しまず、病床に伏すと二度と起きあがれず、それからまもなくして、憤懣やるかたなく亡くなった。劉賀が「海昏国」で実際に生活したのは四年足らずであり、初代海昏侯劉賀の死後に宣帝は機会に乗じて海昏侯国を廃止した。元帝が即位してやっと劉賀の息子の劉代宗が封爵を回復した。

それでは真実の劉賀は史書が記載するようにただ「愚劣」であったのだろうか?司馬光の『資治通鑑』によると、劉賀は無学無能でつとめを果たさないだけでなく荒唐きわまりなかったというが、二十七日間に一一二七の不祥事を起こすなど不可能である。劉賀が廃されたのは荒淫無道であったからではなく、権臣霍光の怒りにふれたからだというのが秦漢考古学と秦漢歴史学界の専門家らの一般的な認識である。「史書が記載する「荒淫」は信じるに足りない」と信立祥もまた同じ見方である。出土文物から判断すると、劉賀はすぐれた教育を受け、『漢書』では彼の「筆を簪《かんざし》として牘を持つ」さまをうかがわせる描写がある。彼が廃位されたのは、彼を補佐した昌邑の群臣が朝廷中枢勢力を甘く見たことが大きく、彼は矛先を露わにする

漆耳杯のセット（西蔵槨娯楽用具庫より出土）

のがはやすぎた。「海昏侯」大墓の発掘時、大量の孔子に関係する文献と文物が出土したことは、被葬者が文化を愛好し尊んだことを示しており、ゆえに劉賀を「無学無能」とする説は成立しないのである。

　劉賀個人についていうと、「性格が運命を決定した」といえる。江西師範大学教授、秦漢史研究者の盧星は、劉賀は人間関係の処理と帝王の権力について何もわかっておらず、彼が抜擢し恩賞をあたえたのはいずれも昌邑の旧臣だが、要となる官職をひとつもおさえておらず、政治集団を形成するには足りなかった。霍光が本当に心配したのは、劉賀の「淫戯に限りがない」ことではなく、彼が独立独歩、断固として我が道をゆき、自己顕示欲のつよい性格であったことこそが重要で、「飼い犬に手を噛まれる」ことを恐れたのである。中国人民大学国学院教授の王子今は、劉賀の境遇には霍光時代の政治がよく反映されているという。運命はすでにこのように準備されており、「悲哀」をのがれることはできなかった。

　結論をいうと、劉賀が位を継いで二十七日で廃されたのは、ひとつは重臣霍光の専制によるものである。もしかしたら「目ざわり」であったために当初の選択を後悔し、無実のまま「根拠の弱い」罪名をでっちあげ、その徳のなさが名にそぐわず、政治上の弊害は明らかであるとした。ふたつには、劉賀が年若く軽率で、行いがそそっかしく、宮廷政治をわかっておらず規則を弄んだことにある。

　あるいは、廃位後になすところなく意味もない生活を送り、世間を軽んじ言行不遜であったことは、もしかしたら彼の人生の起伏を経験したあとの賢明な選択だったのかもしれない。明の唐寅《とういん》（一四七〇〜一五二三年）の詩にあるように、「世の人は私を瘋癲《ふうてん》であると笑うが、私は世の人の見通せないことを笑う」のだ。ただこうした態度によってのみ霍光および宣帝に徹底した警戒を解かせることができ、その本人および家族は「安全着陸」し、依然として王侯の「高い待遇」を享受することができた。もしかしたら、他人は劉賀をまぬけで無知無能とみたのかもしれないが、実は彼は経書を飽きるほど読み、経綸《けいりん》で腹が膨れており、ただ「天が私を滅ぼそうとするのなら、どうしようもない」のである。劉賀の一生を通観すると、前半は甘やかされて何はばかることなく自由で、最後にもんどりうって倒れた。そして後半は達観して海昏の片隅にひっそりと住み、政治権力の中心から離れて、はやばやと自身の不幸な一生の幕を引いた。もちろんこれら正史と民間の伝承だけでは、初代海昏侯およびその「背後の故事」を全面的に反映する真実に足りず、「海昏侯墓」の発掘と考証と研究が進むにつれて、この歴史はさらに明確になって人々の前にあらわれるだろう。

十七、海昏侯劉賀——昌邑から海昏への物語

劉賀はなぜ昌邑から海昏へやってきたのだろうか？

　劉賀について話を始めると、最初にある童話が思い浮かぶ。子供が多くの大好きなおもちゃを持っているのを見て、神様はちょっと試してみようと思った。ある日の朝、優しい老人に化けて子供にとてもきれいなおもちゃをひとつあげた。子供は気に入って手放そうとせず、とても喜んだ。しかし神様がちょっとからかって、夜にならないうちにそれを持ち去ってしまうと、子供はとても悲しがり泣きわめいた。この子供こそが、これから話す「漢廃帝」劉賀である。

海昏侯国地理位置図

　劉賀が廃されたのち、そのような宮廷権力の「急激な変化」をへて即位したばかりの宣帝、そしてまた重臣霍光にとって、彼は安心できる人物だっただろうか？彼に「良い顔」をすることはできただろうか？答えは不可である。劉賀はただ「打ちひしがれて」もとの封地である山東の昌邑に戻っていった。さらに災難が重なり、戻ったあとにわかったのは、封国がすでに廃止されて山陽郡に改められていたことである。あらかじめ知っていたならば、こんなことをはじめからしなかっただろう。劉賀は後悔した。こうして劉賀の運命は徹底的に変わってしまった。最初に詔《みことのり》を奉じて急いで夜に長安へ駆けつけた時は「春風に意を得て馬の足取りも軽く」であったのに、今はこのように「二代目の王」の身分もすべて失い、まさに「喪家の狗《いぬ》のように怯える」感覚であった。

　昌邑王府はなお存在し、王府がもともと所有していた財産は一文も減っておらず、しかも二千戸の食邑をあたえられたが、このような手に汗をにぎるできごとを繰りかえす間に、かつて彼とともに上京した家臣の多くは命を落としてしまった。これはいずれも劉賀が引き起こしたことであり、それを思うと彼の心はとても苦

しかった。一方「天の宮廷から落とされた人間」である劉賀の身体が次第に悪くなっていったにもかかわらず宣帝はまだ安心しておらず、突然劉賀の状況を聞き出したりした。史書の記載によると、紀元前六六年に劉賀の監視を命じられた山陽太守は奏上のなかで、劉賀をみたところ二十六、七歳でありながらすでに足が悪く、言行ならびに立ち居振るまいは明らかに痴呆を発症しているかのようであったと述べている。劉賀は皇帝の位を「廃された」だけでなく、すでになかば「廃人」となっており、宣帝を脅かすことなどあるはずがない、ということがこの奏上からうかがわれた。

　これは真実の劉賀なのだろうか？　少し想像してみると、三十歳にならずして足が悪く老いて体の動きが不自由であるかのように装ったのだろうか？　この点については、調べて確かめることが困難である。史書の記載からすると、劉賀はすでに病気が重くもはや治療もできないようにみえたが、宣帝は劉賀がもとの封地で厚い基盤を持っていることをなお心配していたようで、時間がたって災いを引きおこすことを恐れ、当然ながら彼が「目に見えなければ心のわずらいもなく、遠ざかれば遠ざかるほどよい」と願った。紀元前六三年に宣帝は詔を下し、彼を海昏侯に封じて『西遊記』のなかで玉皇大帝が孫悟空を「弼馬温《ひつばおん》（馬飼い）」に任じたのと同じようにして、辺鄙で開発の遅れた予章郡に放逐した。宣帝のこの措置は、まさに一挙両得といってよい「上策」で、皇帝の恩倖を示すとともに、隠れた災いを除くことができたのである。そのころの「江南」は貧しい後発地ということができ、開発度がきわめて低かった。歴史の上で、宣帝は仁義の君に数えることができるが、劉賀を「海昏国」に封じたことからみて、決して善意の人というわけではなかった。劉賀は「天が棄てた人」とみなされ、地方官吏の密かな厳しい監視を受けた。このようにして劉賀と江西は関係することになったのである。

　それでは劉賀は江西へ退けられた後、どのように生活したのだろうか？　彼は家人を率いてはるばると一路揺られて遠く離れた辺鄙な予章郡へやってきた。なじみのない土地で、あらためて「家を再建する」必要があった。二千年以上あとの現在の大塘坪郷であっても農業を主とする辺鄙で遠く離れた村落であり、そのころは完全に荒れ果てて草茂る地であった。郷土史の記載によると、劉賀は海昏国に落ち着いたのち、農民を徴発して周囲をとりまく高い土城を築いた。第一には盗賊強盗の侵入を食い止めるため、第二には鄱陽湖の洪水を防ぐため、第三には心の落ち着きを得るためである。しかも劉賀がもとは昌邑王の封号であったことから、この新しく築いた「城」を昌邑城と命名した。現在、新建区北部になお昌邑郷と呼ばれる村落がある。もちろん、これは後人の付会《ふかい》であろう。

　史書の記載によると、劉賀が身は海昏にある

劉賀は山東から鄱陽湖のほとりにある現在の南磯山、古の予章郡海昏国に移った

といっても、彼の心は北を向いており、日夜故郷を思い、生活習慣は基本的に故郷の習慣を保ち、持ってくることができる生活用品はことごとく持ってきた。鄱陽湖は中国最大の淡水湖で、昔から北方からの渡り鳥が密集して冬を越す生息地であり、「渡り鳥の天国」と呼ばれている。劉賀は大空で北帰する雁の群れを目にするたびに、憂鬱が心のなかを占めた。彼はよく船で贛江《かんこう》と彭蠡沢《ほうれいたく》の交わる河口へ乗り出し、遥かに北方を望んで涙を流し、その後「憤慨して帰っていった」といわれている。よって後世の人はこの川の地点を「慨口」と呼んでいる。すなわち「憤慨」の「慨」である。この慨口は、またある人の考証では、おおよそ現在の南昌市新建区の北方八〇キロメートルにあり、昌邑城の東一三キロメートルに位置する。

このときの劉賀は、淡々と悲惨でいたしかたない状況のなかで過ごしていたにちがいない。このような生活の苦しみもやまず、さらに彼に重大な損害をあたえたのは身体と心で、悪化する一方であったといえる。そのため彼の最後の四年間の日々は「凄惨極まる」ものがあったといってよい。さいわいにもお金がなかったわけではなかったから、贅沢三昧の生活のなかで自身を麻痺させるか、あるいは琴棋書画《きんきしょが》のなかで

ときをすごすことができたが、このとき時代の一切の変化はすでに彼とは少しの関係ももたなくなっていた。当時の劉賀はすでに軟禁状態を解かれていたとはいえ、朝廷はいまだに彼に対して秘密裏の監視をゆるめていなかった。あるとき密かに友人と「妄議《ぼうぎ》」をし、政治的に敏感な話題に触れたために、結果として朝廷に密かに報告され、あやうく逮捕され、処罰されそうになった。最後には宣帝の恩情によって海昏侯国は保たれたが、彼の食邑は三千戸が削られた。このようなことがあって、海昏侯劉賀が封地として管轄するのはただ千戸の住民と賦税のみになった。劉賀は思った。私はいつもこうだ、あなたたちはまだ私を自由にしてはくれず、このようにひどい仕打ちをするのだ。劉賀のこの心のうちは我慢できるものであっただろうか？　それからまもなく劉賀は憤慨して亡くなる。年はわずか三十四歳であった。

山東省巨野金山の昌邑王の廃墓

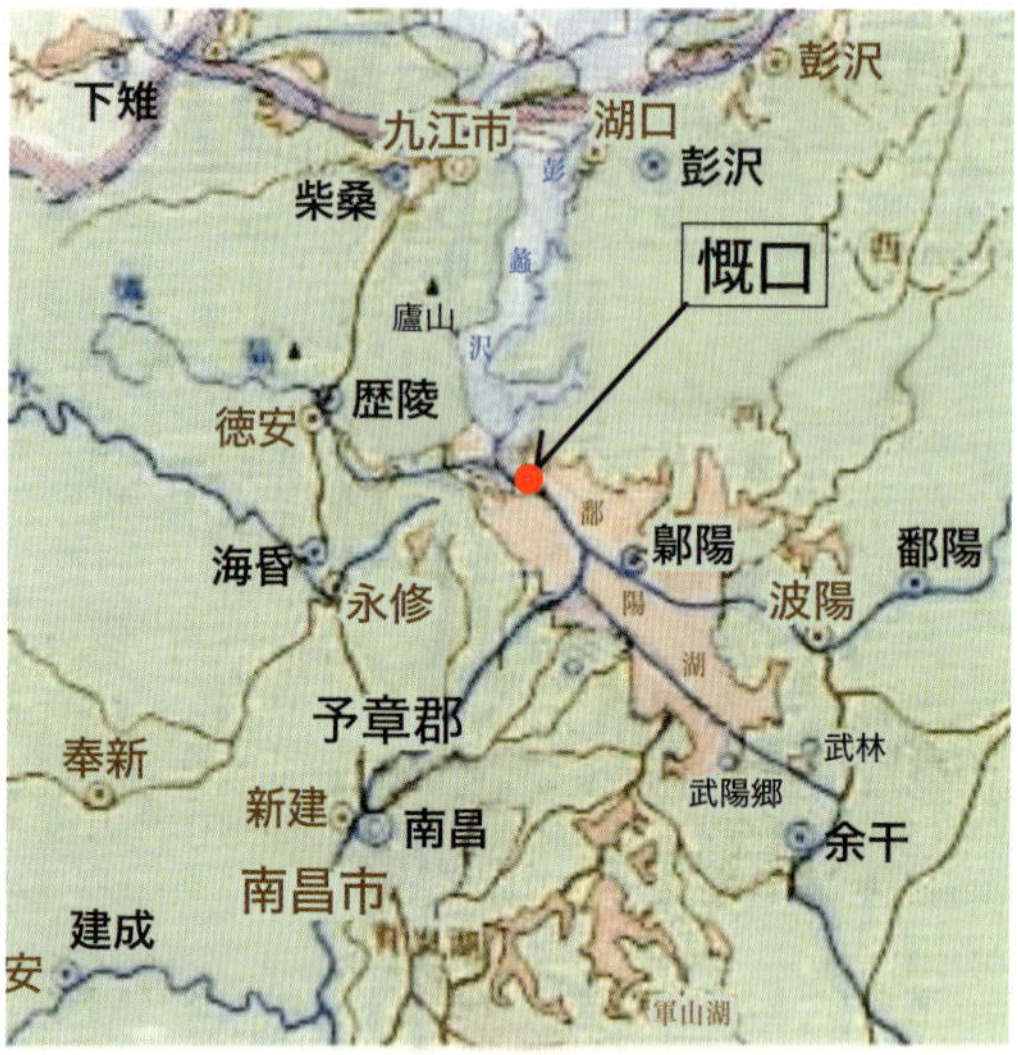

慨口を示した図（出典：譚其驤主編『中国歴史地図集』第二冊、地図出版社、一九八二年、二四～二五頁）

于右任（一八七九～一九六四年）がかつて詠んだ詩には、「私を高い山の上に葬れ、わが故郷を望まん」とある。ただ残念なことに、海昏国の封地内には大きな山がなく、ただ起伏する江南丘陵があるだけである。劉賀は家族墓群をきちんと完成させることで我慢せざるをえず、墎墩山上でもっとも高いところにある丘頂上を求めて「盛大に埋葬」した。自身が育った故郷の山東昌邑（現在の山東省菏沢市巨野県）にはもはや二度と帰ることができず、そこに永遠の無念の思いを残していた。現在の巨野県の南東二五キロメートルのところには劉賀が建造したという古墓が残されており、現地の人は「金山」と呼んでいる。金山は高さ一三三メートル、長さ一・五キロメートルの山で、「石を鑿《うが》って金を得たことから名づけられた」という。山上には一本の人工的に開鑿《かいさく》された大きな洞があり、現地の人は「金山大洞」と呼んでいる。文物部門の考証によって、この洞は前漢昌邑王劉賀の廃棄した墓とわかった。のちにそこは禅院となり、次第に観光地となっていくが、それはずっとあとのことである。

十八、劉賀　厚葬された「廃帝」

劉賀は帝位を廃されたのになぜ「手厚く」葬られたのだろうか？

劉賀は皇帝の位を廃され、本人とその家の身代はどのくらいであったのかと思うかもしれない。現代的にいうと、どのような「政治・生活上の待遇」を受けたのだろうかと疑問に思うかもしれない。彼は貶《おとし》められて昌邑に戻ると、王でもなく、また侯でもなくなり、さらに「監視下の居住」生活になった。南の江西へ移った後に封じられた海昏侯もまた「食邑四千戸」にすぎず、まもなくさらに食邑を削られ千戸となった。その上、海昏侯は行政上の職位ではなく、彼は海昏県の行政事務に干渉することもできなかった。ただ四千戸にすぎない食邑で日常生活の必需品を賄うだけであった。道理からすると、劉賀はこのように「土豪《どごう》」ではないのに、それではなぜ墓のなかにこのように豊富な副葬品があったのだろうか？　研究にもとづくと、劉賀墓が豊富な副葬品で手厚く葬られたのには以下三方面の原因があった可能性がある。第一に、劉賀が廃位された時、そのまま「故王家の財物」を引き続き保有し続けたので、祖先先王の家財がすべて保たれたのである。海昏侯墓のなかで出土した何点かの「昌邑九年造」の銘をもつ漆器が、まさにこれを証明する。そのほか、『漢書』の記載にもとづくと、劉賀が廃されて昌邑へ戻ったのち、上官皇太后は「湯沐邑二千戸を賜《たま》い、故王家の財物をみな賀にあたえ」た。宣帝は即位ののち、山陽太守張敞を派遣して劉賀の動向を調べさせると、後者は報告中で劉賀は依然として「故宮に居す」といっており、これもまた劉賀が以前の財産をなお保留できたことを説明しており、長年積みあげた財産は損失なく依然として豊かであった。南の「海昏国」へ移動したとき、劉賀はきっと少なくない金銀財宝、宮廷の什器と故国の品々をともなったにちがいない。

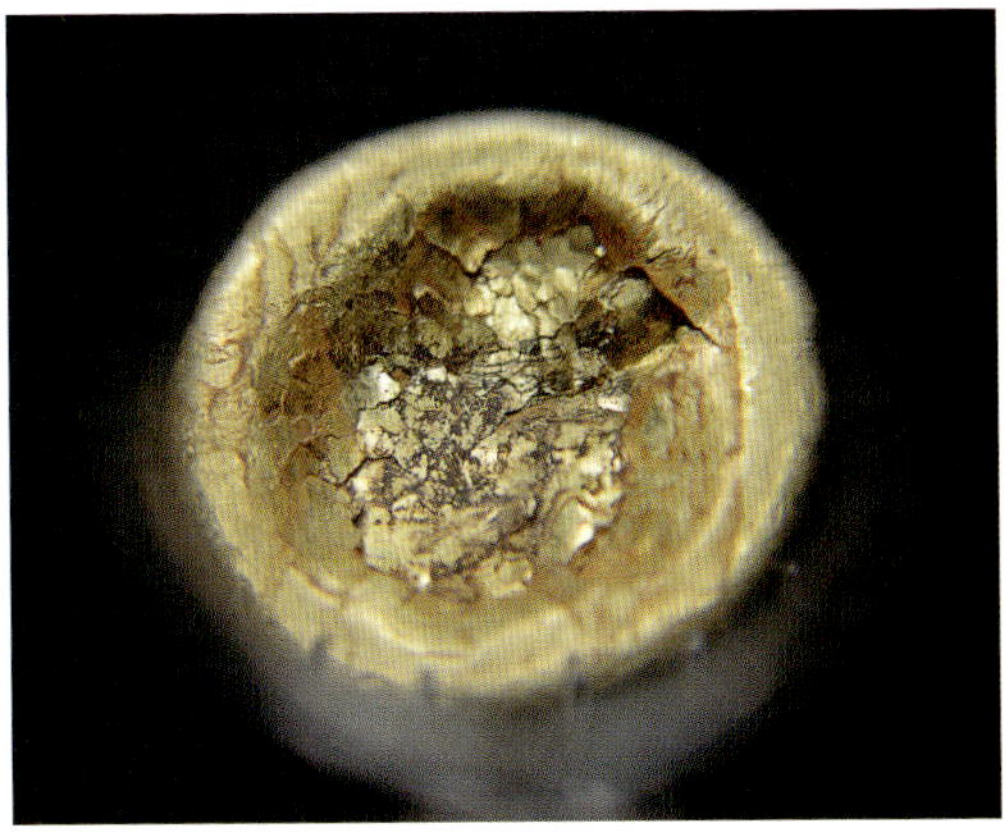

「海昏侯臣賀」の字が書かれている墨書金餅

第二に、劉賀が豊富な副葬品で厚く葬られたのは当時の習慣と関係がある。秦王朝から王侯の埋葬は豪華奢侈となり、秦の始皇帝陵がその典型例である。漢王朝以降、その厚葬の風習は、秦王朝を超えることはあってもおよばないことはなかった。たとえば漢の武帝が生前に建造した茂陵は、そのなかに「金銀財物、鳥獣や魚や亀、牛、馬、虎、豹といった生き物、全部で一九〇の物品をおさめた」。ほかでもない「倹約」で有名な文帝が、その生前に死後は「薄葬」するようにと命じたが、その覇陵が盗掘された時、大量の金銀珍宝が出土した。そのほかもうひとつの可能性があり、「廃帝」劉賀の葬礼については、その待遇からみて宣帝の特別な恩典許可があった可能性がある。その埋葬儀礼の規格は一般の王侯よりも高いものが許されており、この際に朝廷は一定の死後の栄誉をあたえて「皇恩の広大なこと」を示したのである。

「厚葬」の風習は漢王朝の皇帝だけでなく、その臣下の王侯重臣も同様であった。長沙馬王堆漢墓を例にとると、この墓は前漢初期の長沙国の丞相利蒼およびその家族の墓であり、そのなかからは絹織物、帛書、帛画、漆器などの遺物三千点以上が出土した。これが豪華で奢侈といえないはずはない。このほか、漢代の墓葬の副葬品の豊かなことは、当時の「厚葬」の風習と関係があるだけでなく、当時の倫理、すなわちいわゆる「死に事《つか》うること、生に事うるが如し」の原則とも関係している。現在すでに発掘されている漢代王侯墓からみて、その墓の構造が邸宅化することは副葬品の生活用品化とともに十分明らかであり、すなわち死者が生前享受した物をすべて墓のなかに持ち込んだのである。

第三に、史料の記載にもとづくと、漢代は金を重んじ、金を多用する時代であった。『史記』『漢書』などの史書中では、皇帝が臣下に黄金を恩賞としてあたえる記事がしばしばあり、そのうち少ない場合は数十斤、多い場合は数百斤にのぼる。なかでも目をひくのは、武帝が衛青と霍去病らに数万斤ないし「二十余万斤」をあたえたというもので、これらはみな当時の金を尊ぶ風習を反映していると言える。そして王莽が漢王朝に替わって新王朝をたてると、王莽は六代の前漢皇帝が蓄積した黄金を継承するだけでなく、「列侯以下は黄金を所持してはならない」と令を下し、「金国有」政策を実行した。王莽が殺害されたあと、国庫のなかの黄金は大量に民間に流出し、長安および三輔地区では甚だしきにいたっては「黄金一斤を、豆五升と換える」[①]状況さえ出現した。これもまた、前漢の「多金」と豊かさを反映する一側面である。

当然ながら、ある人は前漢期の黄金埋蔵量と冶金レベルをもってすると、恩賞の黄金がともすれば万斤にものぼるということはなかっただろうと考えている。このため、史書が記載するところの「金」は結局のところ黄金なのかどうか、そのなかの「斤」はどのような度量なのか、専門家らもまた論争中である。しかしこのたび海昏侯墓で発見された大量の黄金製品は正真正銘のものであり、前漢期の黄金総量に対する疑問を再提起するかもしれない。しかしこの結論は考古学者と歴史学者による研究の深化を待つ必要がある。

訳注

①『後漢書』「馮異伝」に記載があり、飢饉による食糧の高騰がこうした状況をもたらしたことが記されている。

十九、海昏侯墓――神秘な「地下豪邸」

劉賀はどのようにして彼の地下の「豪邸」を建造したのだろうか？

前漢期には「死に事《つか》うること、生に事うるが如し」の気風が盛行し、王侯豪族らにあってはこの風習が甚だしかった。死者の墓穴はその人の生前の家屋の構造と基本的に同じであり、生前使用した物品をことごとく、場合によっては増量さえして墓の副葬品とし、死者が乗った馬車や馬もまた殉葬品にされた。そのため海昏侯墓の構造には居室化および生活空間化の特徴があらわれており、またそれによって、劉賀が生前には享楽を追求し、生活をよく理解した人であったことがうかがえる。またもしかしたら、「大海原を知ってしまうと川で感動するのは難しくなる」というように、劉賀はさすがに短いとはいっても帝王であった経歴があるので、廃されてからの生活はずっと気に入らないものであり、死後の栄誉を通してこのような心の慰めと埋めあわせをしようと望み、さらに帰郷の望みがなくなったことも加わって、病身で日に日に気落ちして何をするにも気力がなくなった劉賀は、ただ豪華な墓を造ることだけが「海昏国」での余生の最大の願いとなったのかもしれない。

青銅釭灯（西蔵槨娯楽用具庫より出土）

「海昏侯墓」が再びこの世の光を浴びたのち、その墓室内がまるで一軒の「地下豪邸」のようであることがわかり、あるべきものはなんでもそこにあって人々を驚愕させた。これは現在発見されているもっともふるい漢代の葬制を用いた前漢列侯墓であり、これ以前に発見された漢墓は、多くが楚制を沿用したものである。その槨室の面積は四百平方メートルに達し、甬道・東西車庫・回廊形蔵槨・主槨室から構成され、機能は完全にそろい、配置構成は完全に計画的に整っており、それは地下の「豪邸」であるといっても少しも誇張ではない。機能にもとづいた回廊内の区画は非常に明確である。北回廊は用途にしたがって衣笥庫・銭庫・食糧庫・楽器庫・酒器庫にわけられている。西回廊は用途にしたがって武器庫・文書庫・娯楽用具庫にわけられ、東回廊は調理道具庫、南回廊の甬道両側は車馬庫、甬道部分は楽車庫にあてられ、すべてのものがそろい、あるべきものはなんでもあるといってよい。このほか、機能にもとづいた各区画において、遣策《けんさく》などの文字のある木牘《もくとく》と各種造形様式の青銅製の灯が発見された。そのなかの木牘の墨書文字は漢隷に属し、中国全土で調査された漢代遺跡のうちもっとも集中的に出土した例であり、この海昏侯墓が王侯の「豪」

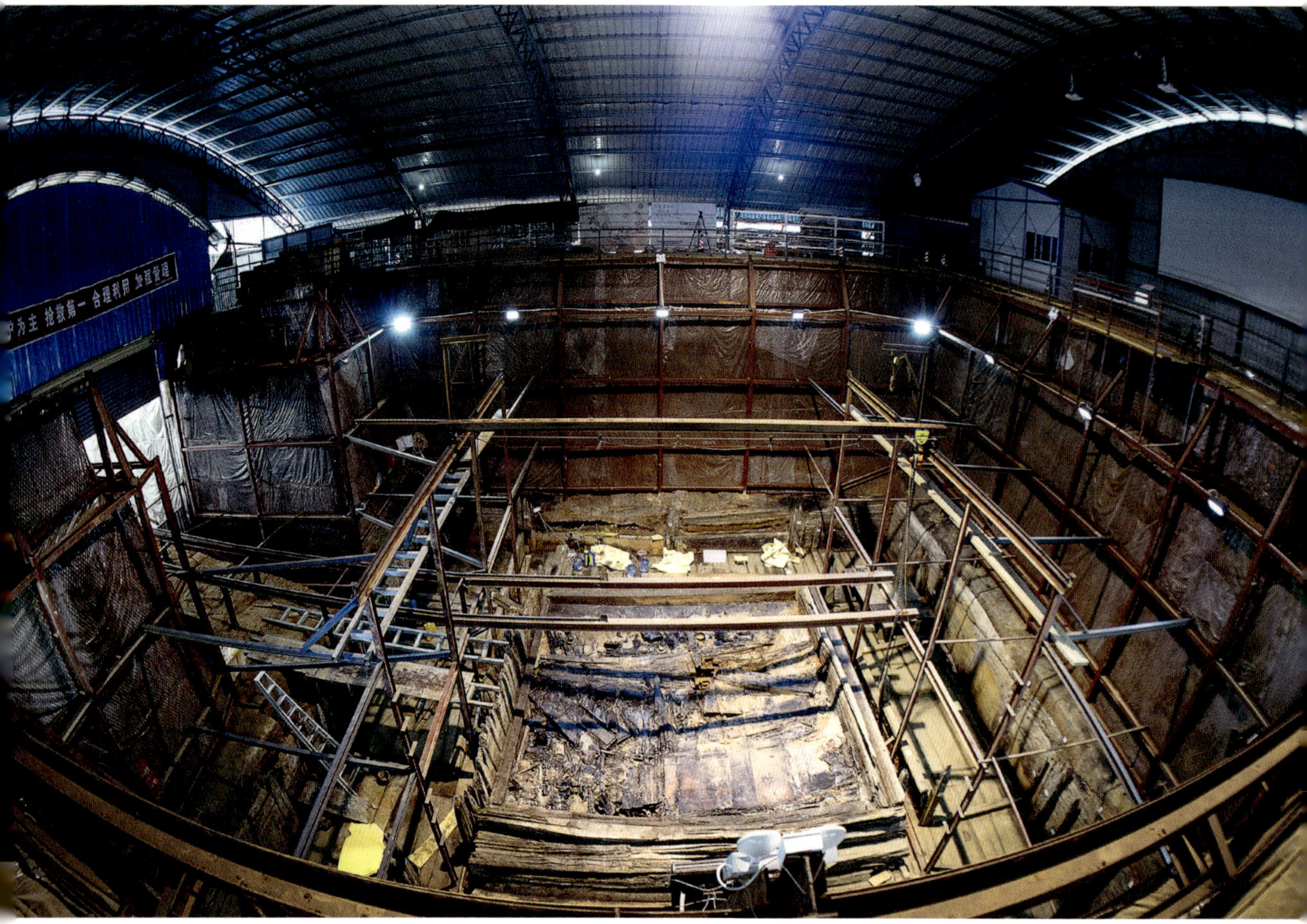

海昏侯主墓の発掘現場

気だけでなく、文人の「雅」風も有していることを説明している。

注目に値するのは、発掘調査者が主槨室の西室（堂）と東室（寝）の棺槨側でそれぞれひとつの床榻《しょうとう》を発見したことで、ともに二メートル以上の長さがあった。礼制に照らすと、堂は海昏侯が賓客の接待と執務をおこなう場所であり、本来は座榻（今のソファーに相当）を置くべきで、床榻（寝台）は置かない。専門家は、堂であろうと寝であろうと、基本的にどちらも死者の生前の仕事や生活等の習慣から設置したものだという。それから判断すると、海昏侯は生前身体が悪く、賓客の接待と仕事の際も身を横たえている必要があった可能性が高く、そのことが、海昏侯劉賀が封地に居を移して間もないうちに急いで墓地を建設した重要な原因になったのかもしれない。

『資治通鑑』「漢紀」十七の記載によると、当時の昌邑王劉賀は目が小さく、鼻は低く鼻先が尖り、眉と髭はとても薄く、依然として身長はとても高かったが病気のように見え、立ち居には不自由が多かったという。墓室内の副葬品と配置方法は、墓主人が初代海昏侯劉賀であることを別方面から証明する根拠を提供してくれるものなのである。

二十、海昏侯墓発掘——世を驚かす発見の連続

海昏侯墓にはどれほどの「思いもよらない」驚くべき発見があったのだろうか？

海昏侯墓では、結局のところ発掘を通して何を発見し、何を得たのか？ 発掘調査活動が進むにつれて、答えが次第に明らかになってきた。海昏侯墓考古専門委員会は、この侯墓は江西省でこれまでに発見された墓のうち出土品の数量がもっとも多く、種類がもっとも完全にそろい、工芸的な水準も最高の墓であるとする。南昌前漢海昏侯墓ではすでに二万点以上の文物が出土している。とりわけ海昏侯墓と車馬坑で出土した九千点あまりの文物は、前漢期の皇族と貴族の祭祀・宴飲・文化・娯楽など多方面にわたる生活を再現するものであり、きわめて高い歴史的価値、芸術的価値そして学術的価値をそなえたものである。古人の知恵と創造力は人々を感動させてやまず、最高のものをみたと感嘆させる。海昏侯墓考古専門委員会副委員長の張仲立は、「そのなかに立つと、かつてのその時代の創造力が、現代とくらべて少しも遜色がないことを感じることができる」と率直にいう。

鍍金宝石象嵌銅鏡（西蔵槨娯楽用具庫より出土）

墓室の蔵槨は明らかに念入りに設計されたもので、大多数の珍奇な宝物がここから出土した。蔵槨の配置は明確で、東西南北の四つの機能区画にわかれ、各機能区画は板で仕切られていた。北蔵槨は銭庫・食糧庫・楽器庫・酒器庫・衣笥庫にわかれていた。西蔵槨は武器庫・文書庫・娯楽用具庫にわかれていた。東蔵槨は主に調理道具庫である。甬道の東西両側の南蔵槨は車馬庫であった。

江西省文物考古研究所所長の徐長青は、もっともよく墓主人の財力をあらわしている北蔵槨が蔵槨中でもっとも中心をなし、もっとも秘められた場所であったと考える。北蔵槨から取り出すことに成功した楽器セットは、編鐘二組、編磬一組、完形の琴・瑟・排簫、二百点近くの木製の楽俑などを含んでいた。これら遺物の配列状況、楽器の懸け方の特徴、その他の楽器との組みあわせはいずれも明確にわかり、前漢列侯の用楽制度の基本的な組みあわせが明瞭に示されている。修復後の編鐘は使用の痕跡からみて、劉賀は楽師に演奏させること少なくなく、現在の言い方でいうと、劉賀もまた音楽マニアに属していた。このほか、北蔵槨の銭庫では一〇トンの五銖銭（約二百万枚）が出土し、これもまた初めて考古学的な方法で唐宋代以来

の千文を一貫とする数え方が遅くとも前漢には始まっていたことを証明した。北蔵槨内ではさらに、大型の青銅製蒸留器、青銅製の「火鍋」、および数十件の土器と酒を貯蔵した漆塗りの土器が発見された。さらに二点の青銅製雁魚灯があり、これは中国における漢代考古資料の珍品である。

東蔵槨からは「食官」の二字を刻んだ青銅器と漆器が大量に出土した。漆器には供案・几・盒・笥・耳杯・盤などがある。青銅器には鋗・壺・尊・鼎・釜・臼・杵・勺のほか、時を計るために使われる漏刻や秤《はかり》の銅権（分銅）などがあり、ある青銅器には「昌邑食官」「籍田」などの文字があった。

西蔵槨では鎧甲《よろいかぶと》、大量の青銅武器、および漆木器が出土した。漆木器には碁盤・琴・盒・笥・耳杯・金玉象嵌樽などがあった。青銅器には博山炉・灯・鹿形鎮・亀形鎮・雁形鎮・「漢」字銅印があった。ある青銅製の鎮と鏡には、さらに瑪瑙《めのう》・トルコ石・宝石の象嵌があった。なかでも西蔵槨内から発見された千点を数える竹簡と木牘が貴重な資料であり、ほかにも文字のある漆笥と耳杯、さらに「昌邑九年」「昌邑十一年」の文字をもつ大量の漆器があり、これらはまさに値段のつけようもない宝である。そ

漆耳杯（西蔵槨娯楽用具庫出土）

酒器庫（北蔵槨東部と東蔵槨北部）

楽車庫（甬道に位置する）

のなかの木牘の墨書文字は漢隷に属し、中国各地の漢代考古学の発見のなかでもっとも集中的に発見された例であり、私たちに漢代の歴史文化・芸術・科学技術に関するまったく新しい資料を提供した。このほか、一点の青銅製豆（高杯）型灯には「南昌」の二字がはっきりと刻まれており、これは「南昌」城に関する、もっとも年代的に早く、もっとも貴重な実物資料である。

南蔵槨の東西両側の車馬庫からは、多くの馬車が発見された。甬道内では主に出行と関係する車馬、それにともなう俑などが出土し、ここでは珍しい三頭だての双轅彩車と模型の楽車がみつかった。楽車の上には実用の青銅製錞于《じゅんう》と建鼓、そして四点の青銅製鐃《にょう》があり、先秦期の楽車上の錞于と鐃、建鼓の組みあわせに関する文献の記載を実物によってはっきりと証明し、中国における漢代楽車の最初の発見となった。

二十一、海昏侯墓——「目の眩む」珍宝のかずかず

海昏侯墓にはどのような「目の眩む」珍宝があったのだろうか？

海昏侯墓の考古学調査は秦漢考古学上の多くの「第一」を創出し、中国国内のトップレベルの考古学者に「新たな世界の門」を開いたようだと言わしめた。山のごとく堆積した五銖銭、燦爛ときらめく馬蹄金と金餅、精巧につくられた青銅器と玉器……人々は目が眩《くら》み、感動してやまない。それではいかなる「目の眩む」ような珍宝が大墓から二千年後に再びこの世にあらわれたのだろうか？

青銅製雁魚灯
（北蔵槨東部酒器庫より出土）

孔子屏風

主槨室のなかで、調査隊は二枚の孔子屏風を驚きとともに発見した。二千年あまりにわたって埋もれていたため、屏風はすでにいくつもの塊に裂けていた。互いにつなぎあわせた全体の幅は五〇～八〇センチメートルである。屏風を精査すると、表面には孔子の生涯、さらに姿かたちから孔子とみられる聖賢画像があらわれた。専門委員会副委員長の張仲立は、このうちの一枚の屏風は豊富な内容をもち、表面には題字があって、隷書を墨で記しており、「孔子」の字が読み取れる。そして屏風上には上下にふたりの人物像があり、上方の人物像のみ切り絵の輪郭のようなものがみてとれ、下方の人物像は頭部がぼんやりとしているものの、衣の襟の部分は十分はっきりしている。題字とあわせると、初歩的な判断では、漆屏風上に描かれていた聖賢像のなかには孔子がいたと判断できる。楊軍は、屏風上の文字はとても多く、初歩的な観察では文字のなかに孔子の生涯および孔子の父母、弟子の顔回、子貢のことなどが記載されていたとする。上面には孔子の祖父がだれで、父親がだれで、彼の母親の姓がなんであり、子貢・顔回といった彼の弟子のことが記されていた。別の一枚の屏風には、さらに孔子と彼の弟子の生涯ならびに故事を記録していた。徐長青は、屏風に記載されたのは孔子およびその弟子のもっとも思想性のある警句格言であると考えている。たとえば「己の欲せざるところ人に施すなかれ」「克己復礼」などである。劉賀は帝位を除かれたあと、古代の聖人の格言によって自身を奮起させようとしたのかもしれない。

専門家によると、これは現在までに中国で発見されたもっともふるい孔子画像である。孔子

研究のために実際のイメージを提供する貴重な実物資料であり、また前漢期の統治階級が儒家の学術のみを尊んだという主張を実証するものといえるだろう。

青銅製蒸留器

大墓の酒器庫にあった一点の青銅製蒸留器は、考古学研究者の興味を引いた。なぜなら、これまで蒸留酒および蒸留器に関係するもっともふるい資料は江西省進賢県李渡の元代焼酎作坊であったためである。この青銅製蒸留器は、外形は円筒の桶のようで、底部には菱形の透かし穴と、ふたつの足があり、なかはクリ・クロクワイ・サトイモなどで満たされていた。

これらは何のために用いられたのだろうか？果実酒や焼酎を醸造したのか、それとも不老不死の丹薬をつくったのだろうか？これについて江西省文物考古研究所所長の徐長青は、「この青銅製蒸留器は酒器庫のなかでみつかり、周囲ではさらに数十個の大型の精巧な陶製大甕が出土した。これが示すのは、明確に酒と関連するということだ。蒸留器は上の天炉と下の地鍋と蒸留部分から構成されている。地鍋の水が食物を蒸しあげ、蒸気が天炉に集まり冷えて蒸留水となる。これは蒸留酒の原理と符合している。しかし何のために用いたのかについては、なお研究と考証が必要である」という。もしこの青銅製蒸留器が酒を造るための蒸留器であるならば、中国における酒造の歴史を刷新し、蒸留酒の歴史を千年以上ふるくさかのぼらせるだけでなく、同時に世界の科学技術史上の重大発見となるであろう。

青銅製蒸留器（東蔵槨北部酒器庫より出土）

海昏侯墓で出土した龍鳳文韘形玉佩

青銅雁魚灯

大墓では数多くの多様な青銅製灯火具が出土し、そのなかで雁魚灯がもっとも人々の関心を引いた。雁魚灯は全部でふたつあり、ともに青銅製である。その全体は雁が首を回して魚をくわえて立っている形状で、雁の体つきは肥って大きく、首は長く、体の両側には翼が鋳出され、短い尾があり、両足で立ち、足には水かきがある。雁は嘴をひらいて一尾の魚をくわえ、魚は長さが短く太っており、下は火袋の蓋に接している。専門家によれば、灯明は全体として、雁の首（魚につながる）、雁の体部、火皿となる灯盤、円筒形の火袋という四つの部分からなるという。雁魚灯は工芸として優れているだけでなく、科学原理にも通じており、火袋は二枚の弧状をした板で設計されており、左右に回し動かして光の方向を調節することができる。すな

青銅製連枝灯
（主槨室西室南部より出土）

わち風を防ぎ、また灯火の明るさを調節することができ、十分に古人の知恵を体現している。

このほかに、魚と雁の体はいずれも中空で、灯明油あるいは白蝋を燃やしたあとに生じる油煙が火袋の覆いに遮られてあちこちに飛ばず、ただ雁と魚の体内に立ちのぼり入る。専門家は、古人は雁の腹のなかに水を注ぎ入れ、煙を水中に溶かし入れたと推測している。この種の導煙管の設計は、漢代青銅器の機能革新によって創出されたものであり、西方の油を用いた灯火では、十五世紀になってようやくイタリアのダ・ヴィンチが鉄板で煙を誘導する灯火の覆い蓋を発明したにすぎない。

博山炉

博山炉は漢代から晋代の香をたく道具で、衣服に香をたきしめて虫を駆除し汚れを防ぐためになくてはならないものであった。海昏侯墓で出土した博山炉は高さ約三〇センチメートル、鍍金工芸があるだけでなく、さらに雲気に取りまかれた仙人・瑞獣の造形がある。炉蓋全体と炉盤上部には博山の様子を鋳出し、山は急峻で、山の峰や道がうねうねとめぐり、何層にも上下している。炉蓋の上の連山の間には神獣が出没し、虎や豹が走り、さらには仙人が山の間に出現し、画面は生き生きとしている。炉盤内には香料を置く場所があり、柱と脚には龍と鳳凰が絡みつく文様があらわされ、もっとも下は受け皿の盤となる。盤の上面にはさらに銀を被せた装飾があり、つくりはきわめて精巧で、墓主人の身分と地位を示している。中国にはふるくより香をたく習俗があった。遠く昔の人は柴や草を燃やす過程のなかで香草や香木の効能を発見した。そして意識的にそれを火のなかに入れて燃やし薫いて、空気を浄化し生活環境を改善した。香をたく習俗の伝承と広まりにともなって、香の文化は発展し、香をたく器具もまた時運にのって出現した。戦国時代には、ある種の香炉の製作はすでに想像を絶する精巧度に達していた。前漢・後漢期には、香炉のデザインは次第に統一され始め、時代の流行を反映した特殊な形状の博山炉があらわれた。漢代には海上に蓬萊・博山・瀛洲《えいしゅう》の三つの仙山があるとさかんに伝えられた。博山炉の「博山」は、まさに伝説中の海上の仙山である博山を象徴することから名づけられたのである。

多くの「博山炉」の出土は、人々に劉賀の生涯について限りなく思いをはせさせる。漢代に人々は香炉を用いて衣服に香をたきしめて虫を駆除し汚れを除くのを好んだだけでなく、香気が立ちのぼるなかで読書や書写、生活をすることを好んだ。このような風雅な人を、どうして二十七日間皇帝になっただけで一一二七件の不祥事を起こした「暗君」と結びつけることができるのだろうか？

連枝灯

博山炉以外に、発掘現場ではさらに人々の関心を引く青銅製の大きな器物――連枝灯が発見された。楊軍は、「博山炉」と連枝灯は室内にセットで置かれて使用され、香を焚く博山炉と明かりをともす連枝灯には、いずれも漢代に大いに盛行した「神仙」思想が含意されていたという。連枝灯はすなわち「神樹」の造形であり、多くの地域で墓に副葬された揺銭樹〔金の生《な》る木〕もまたこのような造形である。連枝灯には五本の枝があり、墓の倒壊で押しつぶされて壊れて飛散していたものの、幸いにも回収して装着することができた。その独特の造形から想像されるのは、博山炉と連枝灯に火が入れられて、灯火に明るく照らされた屋内に芳香が満ち、そこに美酒佳肴が供され、歌と舞が配された華麗な情景である。前漢貴族の豪華な生活の一端がうかがえる。

青銅製漏壺（時をはかる道具）

銅漏壺

漏刻は、古代漢人の科学者が発明した時を計る器具（水時計）である。『説文解字』には、「漏、筒を以て水を受け、刻節すること、昼夜百刻」とある。漢代には、漏から水を滴らせて時を知らせる制度があった。漢代の漏刻は昼漏と夜漏にわかれ、全部で百刻（一刻は十四・四分に等しい）であった。漢代以降も、歴代これを踏襲した。夜漏の水が尽きると夜明けであり、鼓を鳴らして時を知らせる必要があり、昼漏の水が尽きると夜の始まりであり、鐘を鳴らして時を知らせる必要があった。大墓の回廊型の蔵槨のなかで、計時用の青銅製漏壺一点が出土したことは、史書の記載を例証するものである。専門委員会副委員長の張仲立によれば、これは現在までに発見された水時計としての青銅製漏壺のうち、中国では第六番目、江西では初めての発見であるという。

当盧

出土した文物の修復にともない、一点の修復された精美な当盧が学界の関心を引いた。当盧は古代の馬の額につける飾りである。海昏侯墓のこの当盧は精緻をきわめ、修復であらわれた文様は非常に細かい。主文様は四神で、青龍・白虎・朱雀・玄武が描かれ、構図は生き生きとして疎かな部分がない。仔細にみると、これはただ四神というだけでなく、四方の形象（東・西・南・北）でもある。四神の列のなかにまぎれこんだ一頭の鹿は、頭には二本の角、身体にははっきりとした斑点があり、疾駆しながら振り向くような姿をして、虎と鳥の間、四神の中間に位置している。このため、海昏侯墓の発掘で四神のほかに、第五の方神をみたという人もいる。

二十二、海昏侯墓と馬王堆漢墓——どちらがよりすごいか

海昏侯墓と馬王堆漢墓とでは、どちらがより「すごい」のだろうか？

　そもそも、どうして単に南昌市の海昏侯墓と長沙市の馬王堆漢墓のみをとりあげて比較し、「あら探し」をして「対決させる」必要があるのだろう。

　それはそうなのではない。長沙の馬王堆漢墓と南昌の海昏侯墓は同じく前漢の大墓であり、同じく王侯封国体系のなかにあり、馬王堆漢墓は前漢初期の長沙国丞相利蒼およびその家族墓で、海昏侯劉賀の身分の方が明らかに一段上ではあるが、墓地はともに南方にあり、緯度と自然環境は基本的に同じである。時間的には馬王堆漢墓が百年以上ふるいとはいえ両者はそれぞれ長い歴史をへており、そのために、比較することは意味があるのである。

青銅製鈕鐘（北蔵槨の楽器蔵より出土）

　これまでに発掘された前漢列侯クラスの墓のなかで、馬王堆漢墓はもっとも関心を集めたものである。馬王堆漢墓は中国中部の湖南省長沙市に位置している。一九七二年から一九七四年にかけて、考古学者がここで相ついで三基の前漢墓を発掘した。墓のつくりは大規模かつ複雑で、槨室は墓壙底部に構築されており、三槨三棺および棺を置く台木から構成されていた。木棺の四周とその上部は木炭でうめられ、木炭の外はさらに白膏泥《はくこう》（白陶土）を充填して固く封をしていた。墓内の副葬品はとても多く、絹織物・帛書《はくしょ》・帛画・漆器・土器・竹簡・印章・封泥・竹器・木器・農畜産品・漢方薬の薬草などの遺物三千点あまりが出土した。そのなかの一枚の素紗《すしゃ》の単衣《ひとえぎぬ》は世界でもっとも軽い単衣であり、またもっとも古い色文様を型おしした織物も出土している。

　墓のなかからは、さらに保存状態が完全な軑《たい》侯《こう》夫人の亡骸が出土し、これは中国で現在まで発見された保存状態がもっとも完全な遺体で、発見当時、大きなセンセーションをまきおこした。この女性は、当時前漢でもっとも有名な美女、辛追《しんつい》ともいわれる。その人は、漢の太祖劉邦と名将韓信が同時に切ない思いを抱いた数奇な女性であり、無数の運命の紆余曲折と反転をへたのち、最後に利蒼の夫人となった。彼女の一生の悲しく痛ましい話はのちの人によって大きくふくらまされた。軑侯夫人の亡骸をもとに復元された年若いころの辛追夫人の容貌は、顔が赤く艶やかで、高雅な風格があり、柳眉でアーモンド形の大きな目、小さく尖った鼻、桜

帛画（馬王堆漢墓出土）

色の薄い唇をもち、容貌のうちに聡明さがあらわれ、まさに「絶世の美女」であった。

　このほかに、さらに最古の中国医学処方書『五十二病方』帛書が発見され、内服薬を主とする以外に、大量の体の外からの治療法が紹介されており、たとえば貼り付けによる方法、煙で燻《いぶ》したり蒸気で蒸す方法、熱いものを押し付ける方法、砭石《へんせき》治療（石刃による切開治療）、お灸、按摩治療、吸い玉治療（容器内にアルコールなどを入れて燃やして皮膚にあてると肌に吸い付き、その部分を鬱血させて治療する）など、多様な治療法があった。これらの古式方法は、今でも人々に多く使われている。馬王堆漢墓の発見は、漢代初期の埋葬制度、手工業、科学技術の発展、および長沙国の歴史、文化、社会生活などの方面を研究するために重要な資料を提供した。二〇一三年五月、長沙馬王堆漢墓は第七次全国重点文物保護単位に加えられた。

　残念なことに、馬王堆漢墓の墓園は完全には保存されておらず、のちの発掘で出土した文物を除いて、そこにあった貴重な副葬品の多くが盗掘と破壊に遭っていたことは、馬王堆漢墓の非常に残念な点といわざるをえない。そして墓葬群の全体的な保存状態からみると、海昏侯墓が明らかに一段勝っており、主にそれが以下の三つの方面にあらわれている。

　第一に、馬王堆漢墓のなかの長沙国丞相利蒼の墓は唐代にすでに盗掘され、そのあともまた数回盗掘されて破壊がひどく、棺槨は倒壊し、

車馬具当盧の装飾図案（車馬坑より出土）

大量の文物が破壊されていた。もし古墓が破壊されたなら、中国人民大学秦漢史研究者の王子今がいうように「ここからは多くの歴史文化情報が失われ、ただお金になるものだけが骨董市場に流れるだけになる」だろう。たとえば私たちが今日目にすることが多いお宝鑑定番組では、専門家が一般的にその真贋とおおよその価値を鑑定するが、その物の起源や来歴についてはただ宝の所持者が「先祖から伝わった話を話す」のを聞くことができるのみである。海昏侯墓は古今の盗掘者らが手をつけていなかったため全体的に保存状態が非常によく、ただ墓穴の保存状態の完全性と出土文物の数量からみただけでも、後続する系統的で詳細な研究にとって有利であり、海昏侯墓はこの一点で幸運を喜ぶに値する。

第二に、五年の科学的発掘をへて、海昏侯墓の考古調査は現在すでに段階的に重大な成果をあげており、多くの項目での成果が唯一無二の価値を有している。出土文物の数量上では、馬王堆漢墓では全部で三千件あまりの文物が出土し、海昏侯墓では主槨室を除いて現在すでに一万件を超える文物が出土している。わずかに現在整理中のもので、また北京で展覧会に出展した四四一組の貴重な文物だけが、すでに人々の目に眩しい輝きをみせることができた。出土した雁魚灯・博山炉・蒸留器・編鐘など工芸的に精巧で、価値が高いもの以外に、五千件以上の木牘竹簡と孔子の生涯を描いた一組の屏風があり、その価値は尋常ではなく、専門家が長い時間をかけて研究するに足る貴重なものである。このため、文物の出土規模と数量だけでなく文物の貴重さを総体的にみても、海昏侯墓で出土した文物の考古学的価値は非常に高く、品目もまた比較的完全にそろい、豊富である。海昏侯の「遠大な目標」は「世に遺してゆく」ことだったのである。

第三に、これ以前に主槨室の調査現場ですでに大量の玉器、珠玉、馬蹄金、麟趾金、金餅、金板がすでに出土したことによって主槨室全体が「煌めき華やかで、黄金珠玉が満ち溢れて」人々の目を眩ませ、生前の海昏侯が豪奢で富裕であったことを示した。二〇一五年一月、「二〇一五年度中国十大文物ニュースネット投票」の結果が発表された。中国文物網、微博(Sina Weibo)、微信(WeChat)の多くのネット民が積極的に喜んで投票した結果、最終的に「海昏侯墓――考古学的価値は馬王堆漢墓をはるかに超え、十以上の項目の考古学的空白をうめた」が選出され、中国十大文物ニュースに名をつらねた。ネット民の投票はただ「感覚に任せて野次馬が集まった」ものであったが、相当数の権威のある専門家もまた同様の見方であった。当然、馬王堆研究の学者は同意しないだろうが。

専門家と群衆の関心は海昏侯墓の主棺槨内に、漢代皇帝と高級貴族が死後に着用した最高クラスの殮服《れんぷく》「金縷玉衣《きんるぎょくい》」があるかどうかであった。残念なことに、最後の主棺槨を開けた状況からみて、それは発見されず、その遺骸は

琥珀出土状況

長信宮灯
（満城二号漢墓より出土）

青銅製鍍金博山炉
（主槨室西室南部より出土）

いくつかの骨を残すのみで大部分が腐乱していた。専門家は、劉賀は内心ではそのような一種の「帝王クラス」の死後の栄誉を受けることを十分に期待していたとする。大墓の中からは、「金縷玉衣」を製作した可能性のある原材料の玉製品も発見された。しかし彼は「待ち焦がれた」ものの「皇帝による恩典」をみず、結局「金縷玉衣」に殮葬されるという最高クラスの待遇を受けることはなく、おそらく心が晴れることなく生きた海昏侯劉賀は、まさに「死ぬほど憂鬱」であっただろう。海昏侯墓の万件にのぼる出土文物の一部は、前漢当時の海昏侯家族の日常の生活用品に属し、中国でもすでにこれまで多く出土しているものであるが、品質の面ではそれらをはるかに上回っている。このため専門家は、海昏侯墓の出土文物の考古学的価値は、事実にもとづいて真価を究明する必要があり、研究が徹底する前に結論を下すべきではなく、また盲目的に持ちあげたり誇大評価したりすることもよくないと注意をあたえている。

　このほか、現代の著名な骨董収集家である馬未都は、最近になって鳳凰衛視（Phoenix Satelite Television）のインタビューのなかで海昏侯墓と馬王堆漢墓の対比という話題を避けて、ただ「海昏侯墓」は近年の中国考古学界の重要な発見できわめて貴重なものであるが、その出土文物の価値は全体として河北省の満城漢墓を超えないとみている。満城漢墓はすなわち前漢中山靖王の劉勝およびその妻の竇綰《とうわん》の墓で、そのなかから出土した「金縷玉衣」「長信宮灯」「鍍金博山炉」の三点の文物はまさに「国宝」の名にふさわしいものである。これからすると海昏侯墓は依然としてすごいものの、「史上最高」というわけではない。

　俗に、「牛の皮は吹くものではない、汽車は推すものではない」という。考古学の調査は非常に科学的に厳格な「精密作業」であり、「本物の材料」を研究し、また「正真正銘」を研究するのである。出土文物そのものの等級と価値をみるだけでなく、後続する研究と考証の深まりを通して、それが含む巨大な歴史的・文化的価値を掘りおこす必要がある。もし海昏侯墓と馬王堆漢墓の両者を中立的な立場からみると、そうした価値は計り知れず、影響は深遠なものでもある。この点において、時間の経過とともに「漢廃帝」劉賀およびその海昏侯墓の考古学は、私たちにさらなる謎解きと不断の喜びをもたらすことになるだろう。

玉佩（玉璜、管玉、玉人で構成、西蔵槨娯楽用具庫より出土）

二十三、海昏侯墓の車馬坑——神馬は変じて浮雲となる

海昏侯陪葬車馬の工芸水準を、現代人が超えることは難しいのだろうか？

もしかしたら、ある人は問うだろう。海昏侯劉賀がどれほど「盛大な埋葬」を望んだとしてもそれは大勢の人を動員し、多くの財宝什器を副葬すれば済むのであって、さらにそんなにも多くの車馬を副葬する必要があったのだろうか？

ある面では、車馬は漢代とりわけ北方ではもっとも主要な交通手段であり、軍事闘争においても重要な積載運輸手段であったことを知っておく必要がある。劉賀の祖父の武帝はとても馬を愛した人で、常に人を西域に派遣して金を積んで神馬を買い求めたのが「汗血馬《かんけつば》」といわれる名馬で、ある時は一戦を交えることも厭わず、個人的な愛好のみならずまた軍事的な考慮もなされた。武帝のつくった「天馬歌」②は、「太一貢《たま》うて天馬下る。赤い汗を霑《うるお》し、沫《あわ》は赭《しゃ》を流す。……体は容与《ようよ》として万里をこえ、今いずれにか匹せん、龍を友となすのみ」とうたう。

青銅製金銀象嵌軸飾
（車馬具。車馬坑より出土）

これはきっとその子孫に一定の影響をもたらしたにちがいない。車馬は劉賀の挫折し流浪の身となった一生につきしたがったようで、史料の上でも彼は幼いころから騎馬と狩りを好んだとあり、車馬はずっと北方で生活した彼にとって特殊な記念のような意義を有していた。

別の面からみると、漢代には死者が生前所有したものを副葬する習俗があり、劉賀が自ら用いた車馬の副葬は、彼の車馬に対するある種の思い入れを示している。当時、朝廷の命で次の皇帝に選ばれて上京することとなった昌邑王劉賀は、狂喜して一路早馬に鞭を加えた。車馬はこれに随行して昌邑から長安へとおもむき、再び昌邑に戻り、また昌邑から海昏へやってきた。かつて「春風に意を得て馬の足取りも軽く、一日遍《めぐ》りてみる長安の花」であったものの、命が尽きるまで遠く離れた海昏に住んで、「神馬は浮雲へ変成」した。このような「馬上の人生」はきっと劉賀の記憶に深く刻み込まれており、すすり泣いてやまなかった。

このたびの海昏侯墓の調査で発掘された車馬坑は、中国南方地区で初めてのものである。これは劉賀の車馬に対する特別の愛好を反映しており、現在の車を愛好する人たちが、条件が許せばだれしも自身の「愛車」は性能がよく品

質にすぐれた名車がよいと考えるのと同じである。例えば「BMW」「ベンツ」「ジャガー」……このような車で外出するのは「風を切って走る」ためのもので、当然ながら公用車はこれらとはまた別に論ずべきものである。劉賀は朝廷の「断崖から突き落とすような」処分を受け、一度は平民に落とされ、十年後に受封して海昏へ居を移した。身体の具合はもはや以前のようではなく、外出訪問して友と交わったり、景色を眺めて心を休めたりするには、いずれも車馬による出行を頼まなければならず、これもまた劉賀の当時の身分を象徴するものであった。本物の馬と車を用いたこの陪葬坑のなかでは、五輌の実用高級馬車、二十頭の馬（骨はすでにほとんど腐朽しており、ただ痕跡のみ残っていた）、三千件あまりの金銀象嵌装飾のある精美な青銅製車馬具が出土し、墓主人の身分が普通の人間ではないことを示している。

　発掘に参加した考古学者の紹介によると、劉賀に随って地下に埋葬された馬車はもとの大きさを保ち、木製で彩色された安車（古代の座って乗れる小型の車で、安車の多くは馬一頭を用い、礼をもって尊重する場合は馬四頭を用いた）と軺車（馬一頭がひく軽便な車）である。馬車は解体され、外された車馬具は文様のある漆塗りの木箱内に納められて槨の底板の上に置かれた。出土した車の部品には蓋弓帽、杠《こう》、龍虎の首を模した軛《くびき》と轅《ながえ》の先端飾り、衡飾、車軸などがあり、馬具には革帯につけた金具、轡《くつわ》、当盧《とうろ》（古代の馬頭部につけた飾り）など多くの鍍金銀象嵌のものと麻を素材とした傘があった。それらの工芸技術は非常に精巧完璧なもので、つくりはとても凝っている。海昏侯墓考古専門委員会副委員長の張仲立は、「若干の工芸資料の製作は、今日必ずしも到達できるものではない。それは古代人の精神世界、審美追求を反映している」と考えている。

　古から今日にいたるまで、官吏の等級は一般的に待遇と緊密に関係している。このことからみて、劉賀が使用した馬車の等級は非常に高く、『続漢書』「輿服志」が記載する「龍首銜軛《かんやく》」、皇太子と皇子が乗る「赤い車輪、青い蓋《かさ》、金の蓋弓帽、黒いはしら、文様のあるどろよけとながえ、鍍金すること五回」の「王青蓋車」に似る。彼がのちに封ぜられた侯の身分をもってしてはこのような装備は「分を越えて」おり、劉賀は結局二十七日間皇帝の位にあった人にすぎないが、ある具体的な生活待遇の問題においては、朝廷は「見て見ぬふり」をしたのであろう。車馬坑で出土した文物は、海昏侯が生前に出行

車馬坑の直上からの撮影写真

した車馬の大規模な陣容、従僕が列をなし、威風を放つ情景を実際にあらわしている。思えばこれは、当時辺鄙で開発の遅れた海昏の封地において、どれほど人目をひく名誉なものであっただろうか。当時の予章城においてこれと同じような「豪華な車」はおそらく探し出すことができなかっただろう。

また、出土した車馬具のなかには、明らかに中原のものではないものがあり、専門家らの関心をひいた。たとえば一角獣の図案の当盧は匈奴など西域のものの可能性がある。発見されたこれら模型の楽車、実用の安車と軺車からみて、真の前漢当時の出行方式と車輿《しゃよ》制度を反映しているということができる。それではこれら珍しい「舶来品」の車馬具は結局のところどこから来たのか？もとより漢初に陸上の「シルクロード」はすでに出現しており、漢は西北の辺境地域を安定させ、匈奴の侵入を防ぎ、西域各国と連合して一定の物質的交流と人的往来を開始した。「蘇武牧羊」の故事が発生したのはまさにこの年代であった。それゆえに、海昏侯墓の車馬坑のなかでいくらか典型的な西域一帯の異民族の特徴のあるものが出土しても不思議ではない。

同様に、漢代に製造された絹を代表とする多くの商品もまた、これらの地域、さらにはもっと遠い国にまでもたらされた。あらためて海昏侯墓で出土した博山炉、または博山香炉と称されるものを思いうかべると、考古学の発掘期間中、墓穴のなかには三年の長きにわたって余香がただよっていた。ある専門家は、その雅香は南アジアのスリランカなどの国の特殊な香料の可能性があると推測している。それが事実であれば、この種の香料は海上貿易を通じて輸入されたはずである。史料の記載によると、漢の武帝はさかんに海上交通を開き、海上各国の往来に力を尽くした。海昏侯墓の発見は、別の一面から「海上のシルクロード」の存在を説明し、あるいは今日の「一帯一路」の歴史研究に参考となる根拠を提供することになるかもしれない。

訳注

② 『漢書』「武帝紀」

一角獣の図案の銀製当盧（車馬具。車馬坑より出土）

青銅製金銀象嵌衡飾（車馬具。車馬坑より出土）

青銅製金銀象嵌軸飾（車馬具。車馬坑より出土）

青銅製金銀象嵌衡飾の頂部の文様（車馬具。車馬坑より出土）

楽車発掘現場（写真の左から二人目が江西省文物考古研究所所長の徐長青、左から三人目が南昌前漢海昏侯墓考古調査隊隊長の楊軍）

二十四、海昏侯墓――「南昌」銘の青銅製灯が出土した驚き

大墓から出土した「南昌」銘の青銅製豆形灯は、何をものがたるのだろうか？

海昏侯墓で「南昌」と刻銘のある青銅製豆形灯が出土する以前、先に予章があったのか、それとも南昌が先にあったのか、それとも両者の呼称が同時に出現したのかについて、関係する地方史研究者の説は一致していなかった。「海昏侯墓」の出土文物のなかから、はっきりと「南昌」の二字が刻まれた青銅製豆形灯がひとつ発見された。これは「南昌」城に関するもっともふるい貴重な実物資料である。もともと「南昌」城の名は前漢初年にはあり、さらにさかのぼる可能性もある。メディアは今日それをニュースとするが、実際にはこれはニュースではなく「古老の伝聞」なのである。

南昌の地名は、「昌大南疆」「南方昌盛」の意味に由来しており、前漢開国の功臣である潁陰《えいいん》侯灌嬰《こうかんえい》がこの地を賜ったのは、現在「熱く報道」されている「漢廃帝」、初代海昏侯劉賀より百年あまり前である。漢の高祖五年（前二〇二年）に灌嬰は灌城を築き、南昌の建城史を拓いた。故南昌城は民間では灌嬰城あるいは灌城と呼ばれ、南昌は今にいたるまで灌嬰路の名をとどめて記念としている。

「昌邑」年号銘文のある青銅製豆形灯（北蔵槨中部楽器庫より出土）

漢代初期とほぼ同時代に、南昌にはさらに「予章」という古称があり、この名は「南昌」とともに二千年以上をへて今日にいたり、大多数の南昌人が熟知している。予章郡の所在地となった南昌は民間の呼称あるいは都市の名前から始まった可能性があり、予章はすなわち当時の行政区画の名称であったが、のちに南昌の別称となった。さらに別の説をとる専門家もおり、「南昌」の語は海昏侯劉賀が創造したものであるという。当時の彼は、かつての「昌邑王」であり、海昏へ居を移したあとも依然として故郷を思っていたために、その地を「南方昌邑」と称し、略して「南昌」になったという。しかしこれはその専門家のある種の想像と推測にすぎない。

いずれにせよ、劉賀が海昏侯の封を受け、江西の封地へやってきて生活したあとに南昌の呼び名が成立した。ただ「灌城」の名は、後世かえって次第に人々の記憶から薄れ、のちの人が『滕王閣序』を詠んだときには、開口すればすぐさま「予章の故郡、洪都の新府……」という

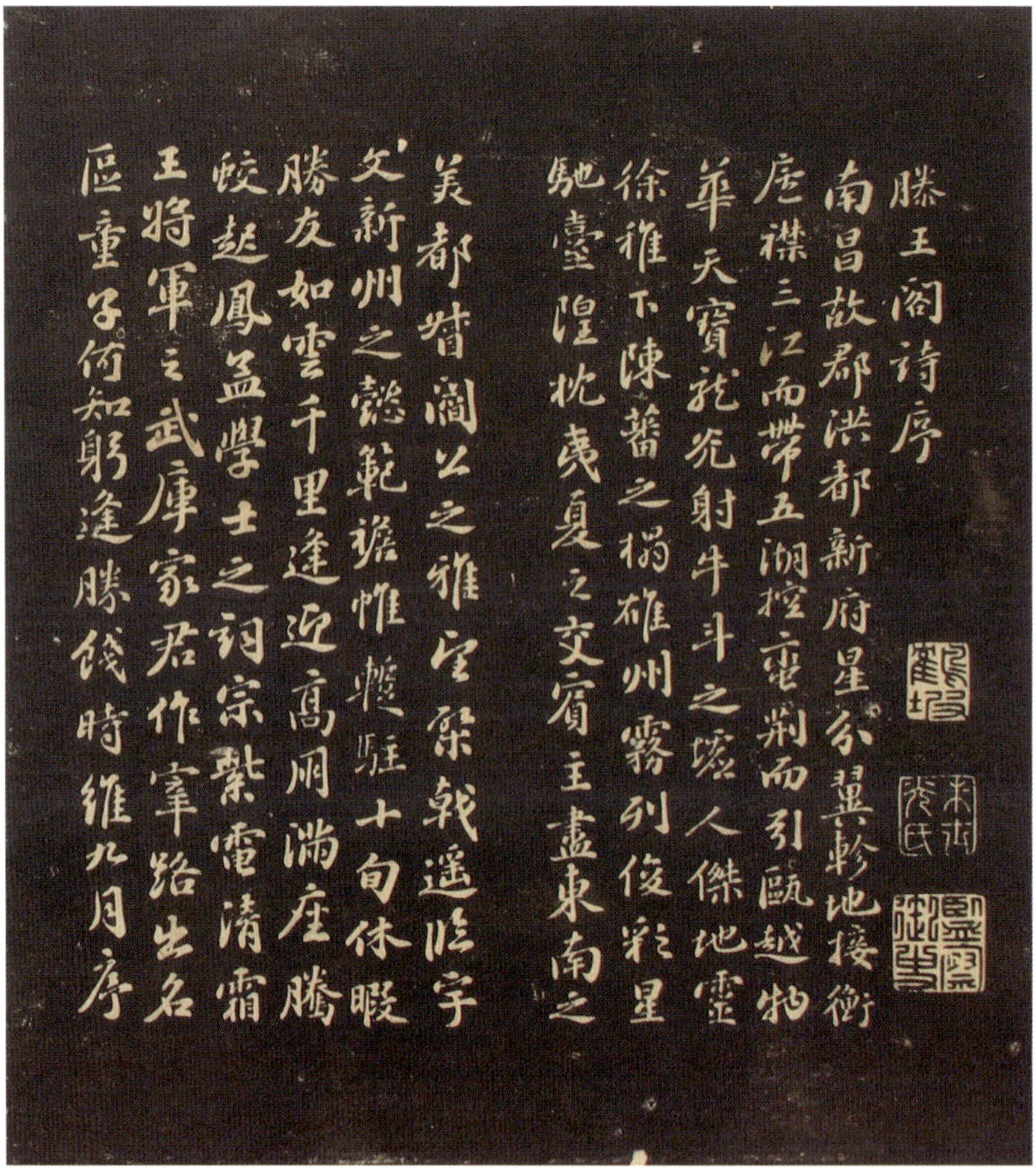

宋の蘇軾『滕王閣序』

状況で、「南昌故郡」か「予章故郡」かの真偽はひとまずおき、現代版の『滕王閣序』はおおよそすべてが「予章故郡」から始まっている。

南昌現地の歴史研究者の考証によると、『滕王閣序』の文頭は従来いずれも「南昌故郡」であり、「予章故郡」は実は誤った版である。蘇東坡、文徴明、祝枝山、董其昌らが書写した版本はいずれも「南昌故郡」で始まり、五代の『唐遮言』、元代の『唐才子伝』、明代の『醒世恒言』などの著作はいずれも「南昌故郡」の版本で、いわゆる「予章故郡」は最近の人が『古文観止』に注釈を加えたときに誤読し、改竄されたものである。誤りがそのまま伝わり、「人民教育出版社版」の教材でさえ誤って「予章故郡」と書かれている。「海昏侯墓」で出土した青銅豆形灯に刻まれた「南昌」の二字はまた、南昌が中国において二千年以上の歴史をもつ、いまだかつて改名されたことがない古城であり、悠久の歴史文化的蓄積を有しているということを十分に証明する。

二十五、海昏侯墓——副葬「五銖銭」が証明した財力

海昏侯墓に副葬された銅銭には、どれくらいの価値があったのだろうか？

海昏侯墓からは大量の「五銖銭《ごしゅせん》」が出土した。それでは「五銖銭」とはなにか、私たちはまずそれを知る必要がある。五銖銭は、中国の貨幣史上において通用した期間がもっとも長い貨幣で、重量を単位とした貨幣であり、中国五千年の貨幣発展史に深い影響をあたえた。史料の記載にもとづくと、前漢武帝の元狩五年（前一一八年）、中原で五銖銭の発行が始まった。ここから漢の五銖銭が始まり、当時のもっとも主要な流通貨幣となった。後漢末年の発行停止まで、いくつかの小さな変動（たとえば王莽の統治時期）を除いて、前漢と後漢の両時代にわたって、五銖銭は天下にあまねくゆきわたった。五銖銭は中国の鋳造硬貨に「円形方孔」の伝統を定着させた。この小さな銅銭の外形は円形で内側は四角の孔で、天地（乾坤《けんこん》）を象徴している。表面には篆書で「五銖」の二字を鋳出《いだ》す。「銖」は古代の一種の重量単位で、一両の二十四分の一が一銖である。そのため、いわゆる「五銖銭」は実際には非常に軽い。

五銖銭

前漢初期には秦の制度による半両銭が使用され、ひとつには各郡国の貨幣鋳造を許したため、ふたつには民間の私鋳を許したために、貨幣制度がやや乱れてわずかに重さが一グラムしかない莢銭《きょうせん》（楡の実のさやのように薄い銭）が現れることとなった。鋳造工が材料を減らしてかすめとり五銖の重さに足りないという現象が頻繁にあらわれ、鋳造すればするほど軽く、時期が下るにつれてますます粗雑劣悪なものとなり、制度改革のたびに失敗を繰り返し、重さが三銖の半両銭になるという失敗を招いた。このため前漢王朝は「五銖銭」への改鋳を開始したが、その主要目的は信用をうちたて、金融の安定をはかり、流通を整え、私鋳をたくらんでも利益がなく、私鋳者が自ら違法行為を放棄するようにすることによって、徹底的に私鋳問題を解決しようとした。しかし各郡国の官吏は旧習を改めることが難しく、依然として上下手を携えて私腹を肥やすことを謀った。漢の武帝は公卿らの建議を取りいれて元鼎二年（前一一五年）に各郡国の貨幣鋳造権をとりあげ、中央政府が一元的に鋳造し、統一貨幣を発行することによって、さらなる不良銭の氾濫を防いだ。武

銭庫の発掘現場

帝が貨幣鋳造権をとりあげたのちは、中央政府が一元的に銭を鋳造した。「五銖銭」はすなわちこのときに鋳造したものである。この銭はつくりが美しく、輪郭が整っており、重量が正確で銭文も秀麗で、銭のなかの模範である。

　中国人の葬礼は古来より一貫して「土に入りて安たり」を求め、古代の王侯・宰相・将軍・高官・貴人は多くが「厚葬」を好み、そのためその墓地の多くが秘匿される傾向にあった。これは歴代の「盗掘者」が苦労して探し求めた目標ともなったため、「葬る」ことはある意味「蔵《かく》す」ことであり、そのことは墓主が墓地となる場所を選び墓穴を設計するにあたり大いに重視された。「海昏侯」墓の槨室中の蔵槨は綿密な設計をへており、墓主人の身分と財力をもっともよくあらわした北蔵槨は、蔵槨の中心であるとともにもっとも秘匿された部位であり、墓のなかの「銭庫」と称された。江西省文物考古研究所所長の徐長青の説明では、北蔵槨の銭庫で出土した一〇トンの五銖銭は約二万枚で、漢の制度で換算すると五十キログラムの黄金に相当する（価値は現在の二億円超に相当）。しかもこの銅銭は当時の市場で完全に流通可能なもので、今日にあてはめて現金の流れをみただけでも相当の「富豪」であったといえる。これについて著名な骨董収集家の馬未都は、海昏侯の家財は当時すでに「相当な富裕」に数えられていたと考えている。中国史上において一度にもっとも多数の「五銖銭」が出土した例は六〇トンであり、このたびの「海昏侯墓」で出土した五銖銭もまた十分多量であることがわかる。

　さらに海昏侯墓で出土したそのほかの大量の黄金・玉器などの珍宝を加えると、その本人および家族の富裕さと豪奢さの程度は、歴史記載と専門家の予想をはるかに超えている。この現象もまた、富貴を追い、富貴をきわめ、富貴を誇示しようとする社会的風潮を反映している。海昏侯墓にみるこの種の厚葬方式は、まさに海昏侯本人の特殊な社会的地位および当時の社会経済が比較的豊かであったことを背景とするものであり、これは当時の状況を考えればなんら不思議なことではない。

二十六、海昏侯墓——
海昏侯が「金持ち」だった証拠

海昏侯墓のなかの金器には、なにか特別な点があるのだろうか？

　海昏侯墓の発掘では、大量の貴重な文物が出土しただけでなく、「多量の黄金」が出土したことがその主要な特徴のひとつとなっている。海昏侯劉賀の主棺槨の周囲はまるで各種金器に囲まれているかのようで、現在のところ、全部で金板二十枚、金餅二八五個、馬蹄金四十八個、麟趾金二十五個が出土し、金器の総数は三七八点に達している。その形状はさまざまであったが、それぞれに特徴があり、人々を驚嘆させた。これはまた、現在までに中国でおこなわれた漢墓の考古学的調査のなかで、発見された金器の数量がもっとも多く、その種類がもっとも完全

金餅

にそろった例である。それでは、このような金器は私たちが常々みている金器とどのような異なった点があるのだろうか？

　文物部門の計量の結果、麟趾金の重量は七六・一一グラムから八三・三六グラムの間で、馬蹄金の重量は基本的に二三七・六六グラムから二四六・二九グラムの間である。そして金餅、金板を含むこれら金器の純度は九九パーセント前後である。

　装飾をほとんどもたない金餅と金板にくらべて、馬蹄金と麟趾金はより多くの文化要素と歴史価値があたえられている。周知のとおり、馬蹄金と麟趾金は漢の武帝の時期に、「今黄金をもって麟《きりん》の趾《あし》、馬の蹄《ひづめ》の形とし、もって瑞祥にかなえん」（『漢書』「武帝紀」）としたのが始まりである。馬蹄金は楕円形あるいは円形で、底は窪み中空で、形は馬の蹄に似ている。麟趾金は瑞獣である麒麟の足に似せて鋳造したもので、円形あるいは不規則な円形を呈し、背面は中空で、口が小さく底は大きく、かたちは円形で獣の蹄のようである。両者はともに非流通貨幣で、通常は帝王の恩賜、進物、贈物、および高額の交易や疆外《きょうがい》との交流に用いられた。

　一般に漢墓から馬蹄金や麟趾金が出土することはあまりない。古代にあっては条件がかなり

金板（主棺の内棺と外棺の間の南部で出土）

限られており、加工にはふたつの工程が必要で、まず鋳造成形し、さらに中国の細金工芸を用いて装飾した。細金工芸は金銀細工の一種である。黄金や白銀などの貴金属と各種天然の貴重な宝石を原料として、造形・文様デザインと加工製作を経てつくられ、その完成品は多くが芸術品ないし装飾品として飾られた。両漢期において細金工芸は、金線を編む技法と金属線による図案種類の面で新たな革新があり、つまんだり、部分を填めたり、積みあげたり、かさねたりするなどの技法で形成され、細金工芸の表現力が豊富になった。同時にこれは、当時の盛強な国力と手工業の繁栄ぶりを、間接的に反映したものである。

「海昏侯墓で出土した馬蹄金と麟趾金は、表面の麦穂文様が明瞭で、一見してすぐにわかる」と国家博物館研究員の楊小林はいう。麦穂文様はもっともふるくは戦国時期に出現し、今日にいたるまでずっと用いられてきており、現代の金銀加工においてもしばしば用いられるものである。「歴史的伝統が悠久なものであればあるほど、より長きにわたって伝えられる」というわけである。

細金工芸の製作には複雑で煩雑な工程があり、異なる工芸にはいずれもふさわしい工具と材料が要求された。今回、海昏侯墓の車馬坑内で出土した三千点以上の車馬の飾りは、大多数の飾りの表面がいずれも鍍金（銀）、金（銀）象嵌工芸が用いられており、主墓から出土した博山炉の頂部にも鍍金の痕跡があった。説明されているところでは、鍍金工芸は春秋末期に始まり、漢代になるとさらに発展して非常に高い水準に到達した。いわゆる鍍金とは、簡単にいうと、金と水銀をあわせたアマルガムを、青銅器の表面に塗り、摂氏四百度まで加熱することで、水銀のみを蒸発させ、金を器物の表面に付着・定着させたのち、表面を磨いて仕上げるものである。また金象嵌とは、まず青銅器の表面に鏨《たがね》彫りをしたあと、その溝を金糸で埋めて、最終的に金象嵌を施した装飾物をつくる技術である。このことからわかるのは、鍍金（銀）だけでなく金（銀）象嵌にもまた、一定数量の金銀の蓄えが必要であったことである。

わずか在位二十七日の前漢皇帝であり初代海昏侯であった劉賀は、意外にもこのように多くの副葬金器を持っていたが、これによって前漢の黄金保有量が確かに人を驚かすほどであったということを証明できるかどうかはわからない。前漢の「多量の黄金」は、以前から歴代の史学者の定説である。『宋史』「杜鎬

金器が出土した現場状況（馬蹄金、麟趾金、金餅は主槨室西室北部に位置していた）

伝」、『日知録』、『廿二史札記』などはいずれも漢代の黄金の多さに論及している。中国の著名な貨幣史学者・貨幣学者の彭信威は、『中国貨幣史』のなかで統計をとっている。高祖劉邦があたえた金は四万二五五〇斤、恵帝六八斤、呂后一万一〇〇〇斤以上、文帝一万二〇〇〇斤、景帝一一〇二斤以上、武帝八〇万六九四〇斤以上、昭帝二四二〇斤、宣帝一万八三七〇斤、元帝五四〇斤、成帝三六六〇斤、哀帝六八〇斤、平帝二〇〇斤で、前漢に賞賜された黄金の量を合計すると一〇〇万斤を越え（漢代の一斤は現代の二五〇グラムに相当）、今でいう約二五〇トンにあたる。中国黄金協会の最新の統計にもとづくと二〇一五年末時点で中国の金保有量は一七六二・三一トンである。このことは、二千年あまり前の前漢代において、皇帝・皇后が賞賜に用いた黄金だけで、現代の金保有量の一五パーセント前後に達していることを示しており、驚くべきことである。このような前漢の莫大な黄金量が、前王朝の蓄積によっていることは、疑う余地がない。春秋戦国時代、貨幣はいまだ形状と制度が統一されておらず、各諸侯はみな黄金を珍宝とし、収集に力を尽くさないものはなかった。秦が六国を統一すると、天下の財宝はみな秦王朝の宝庫に集まり、ほどなくして前漢に引きわたされた。それに加えて、漢代の冶金技術の発達もまた黄金の採掘量を向上させた。史料の記載にもとづくと、前漢元帝期には鉱工業と冶金技術に従事する人が非常に多く、大量の田を「荒廃」させ、農業生産維持の直接の脅威となり、ついには「乱開発、乱採掘」する鉱業生産官吏が朝廷により罷免されるにいたった。

西北大学文化遺産学院の段清波教授の紹介によると、ローマ史学者にはさらに別の一観点があるという。彼らは前漢期のローマと中国との対外貿易に着目し、ローマが巨万の黄金を使って中国の絹をはじめとする物品を購入したと考えている。ローマの大プリニウスの統計にもとづくと、前漢期には、ローマ帝国から毎年少なくとも一億セステリティウス（古代ローマの貨幣単位で、一万八二五〇セステリティウスが約一グラムの金に相当）が中国およびシルクロードの途中のパルティアなどの地に流れた。すなわち、ローマ帝国は毎年五トン以上の黄金を支払って中国から絹などの商品を購入したことになる。このためローマ史学者は、大量の金を中国の絹に換えたことがのちのローマ帝国の経済衰退の主要原因であるとさえ考えている。南昌海昏侯墓において現在までに出土した大量の馬蹄金・麟趾金・金餅などは前漢の巨額の黄金が消失した千古の謎を解き明かす手掛かりとなったのだろうか？

前漢から黄金が消失あるいは減少した謎について、現在の研究状況からすると、おそらくつぎのような何種類かの説明ができるだろう。前漢末年に王莽が漢から帝位を簒奪し、新王朝を立て、四次の貨幣価値改革をおこなった。中国経済史学者の傅築夫は、これが前漢の莫大な量の金が後漢までに突然消えた謎の答えだとみなしている。金はそのときから二度と貨幣として使用されなくなった。このような状況のもと、多くの人が金と良質の銅銭を蓄えはじめ、再び使用しなかった。これは典型的な「悪貨が良貨を駆逐する」例である。良質貨幣は淘汰されたのではなく、劣悪貨幣が良質貨幣を各自の金庫に追い戻したのであり、市場に存在せず流通しなかったのである。

またある説は、仏教が次第に盛んになったことで、金仏・金殿の造立による金の消費量が増大し、前漢の莫大な量の黄金はあとかたもなくなったとする。しかし段清波教授はこれに対し否定的で、時間の流れからいえば、莫大な量の黄金は後漢の前になくなっており、仏教の興隆はそのあとであると指摘している。後漢期の鍍金・金象嵌などの金細工工芸の水準から判断して、仏の身体を鍍金するのにそれほど多くの金が消費されたとは考えにくい。

さらに「対外交易説」がある。前漢の莫大な量の黄金の消失は主に武帝から始まっており、とくに「名馬」を好んだことから、汗血宝馬や貴重なガラスなど、西方の珍しい品物財宝を購入するのに用いた可能性がある。これについて中国社会科学院考古研究所副研究員の劉瑞は、前漢期において対外貿易は双方向の流通であり、輸入があったとはいえ、張騫《ちょうけん》が西域に派遣されてからシルクロードが開通し、貿易は総体的に黒字であったので、漢が儲けた金は多く、実のところ外に流出した量より多かったはずであると考えている。さらに、中央アジアと西アジアなどの中間地帯に流出した可能性もあまりない。

南昌前漢海昏侯墓で出土した三七八件の金器は実に珍しい。多くの金を有した劉賀はまたさらに多くの疑問をもたらした。史書の記載にあるように、前漢にはそのように多くの金が存在したのだろうか？たとえば列侯クラスよりさらに高位の河北省満城の中山靖王劉勝墓で出土した金は非常に少ない。さらに山東省済南の済北王劉寛墓の金の量もまた多くない。これらはいずれも未盗掘の墓である。もっとも人々に疑いをいだかせるのは劉賀の父親で、山東省巨野の昌邑哀王劉髆の墓のなかには何ら金は副葬されていなかった。

どうして劉賀だけがこのように金が多いのか？第一に、もしかしたらこれは劉賀の特殊な経歴と関係があるのかもしれない。彼は第二代昌邑王で、劉髆のひとり息子であり、さらに二十七日間皇帝であった。父親の財産継承と帝王の位についたことを通して大量の黄金を少しずつ蓄えることも不可能ではない。第二に、劉賀は宣帝の監視を受けたことによってお金はあっても使う場所と機会がなかった。毎年八月に侯王と列侯はみな封国の人口によって金を献上して祭りを助けた。それが酎金《ちゅうきん》（漢代の諸侯が宗廟祭祀のときに蒸留酒とともに献上した黄金）である。劉賀は参与の資格さえなかった。劉賀の死後に封号はいったん取り消され、彼が所有した遺産は子女に継承することができず、ただ地下に深く埋めることができただけであった。

歴史学と考古学研究の深化にしたがって、劉賀が多量の黄金を所有した謎および前漢の多量の金の謎は、より説得力のある回答をえられるにちがいない。

二十七、海昏侯墓の屏風――聖人の往時は朦朧となる

海昏侯墓の屏風には、孔子のどのような秘密が隠されているのだろうか？

かつて詠まれた現代詩に、次のような一節がある。「往時は風の如く、歳月はただこれ朦朧……」。各種の史書上で、例外なく漢廃帝劉賀は荒淫きわまりない暗君と描かれる。そこで問題になるのが、実際の劉賀は君子であったのか、それとも本当に小人であったのか、ということである。考えてみてほしい、孔子像を自身の寝台の前に置き、死後には孔子の一生を描いた屏風のセットを副葬し、日ごろは書物を手から離さず、儒家の礼教を尊んだ人が、そのような「文化を重んじない」ことをするだろうか？

漆屏風（孔子およびその弟子の聖賢像を描き、彼らの一生の事跡を記す。主槨室西室中部より出土）

これらのことはまた、漢代になって孔子の地位が前代よりはるかに高い位置に確実に到達したことをも示している。

　海昏侯墓で出土した最大の発見のひとつは何枚かの漆屏風セットで、屏風は漆板と銅板で構成されており、このかたちの工芸品は漢代考古学で初めての発見である。この屏風は劉賀の意を受け人に命じて特別につくられた可能性が高い。この屏風の面積は大きくないがとても美しく、屏風上の文字の数は比較的多く、内容に富み、孔子の一生が書かれており、さらに孔子のような聖賢の画像がある。専門家は、この屏風上の孔子像は現在までに中国で発見されたもっとも早い時期の孔子像であろうと考えている。その考古学的意義は並みではない。

　孔子屏風は主棺槨室内に立てられ、墓の主人の心のなかで重要な位置にあったことをうかがわせる。屏風上の文字は、『史記』「孔子世家」より時間的に遅く、篇の長さもまた同列に論じることができないものの、前漢の人が孔子の身の上について通しで記載した一篇の文献として重要な価値をとどめており、またある面では「百家を罷黜《はいちゅつ》し、独り儒術を尊ぶ」という前漢統治階層の志向性を裏づけるものといえる。屏風の墨書題記と罫線からみて、明らかに簡冊

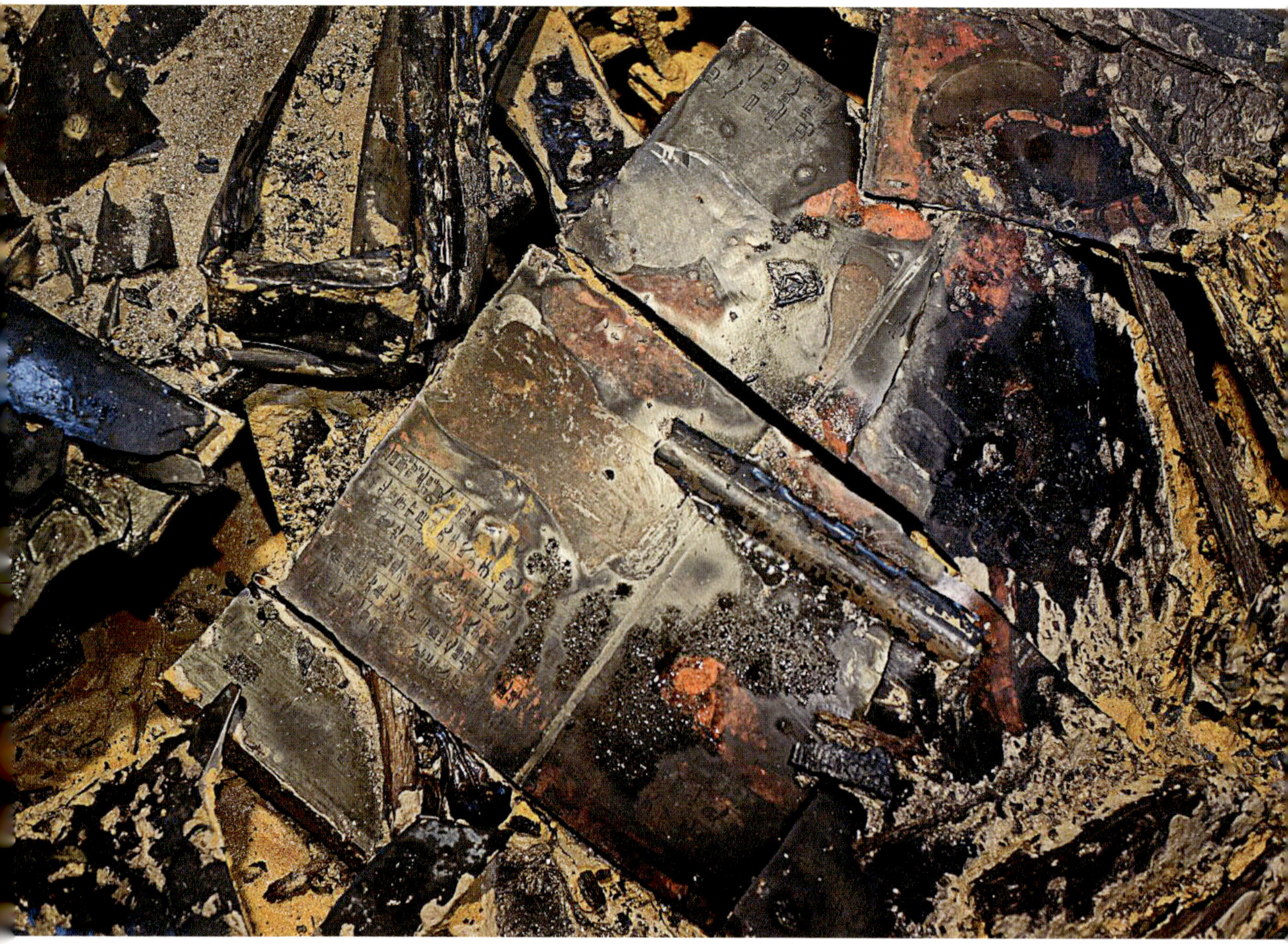

漆屏風（孔子およびその弟子の聖賢像を描き、彼らの一生の事跡を記す。主槨室西室中部より出土）

（木簡を綴った書物）の様式を模している。一般的な常識からすると、この題記は簡冊から抄録したもので、ダイジェスト版「孔子世家」とみることができるかもしれない。

孔子の一生、それについてかの聖人自身が統括している。『論語』「学而」のなかで彼はこのようにまとめている。「吾、十有五にして学を志し、三十にして立つ。四十にして惑わず、五十にして天命を知る、六十にして耳順う、七十にして心の欲するところに従いて矩《のり》を踰《こ》えず」。孔子の三十にして立つとはいつのことだろうか？比較的はやくに孔子の生年を記載した『春秋公羊伝』と『春秋穀梁伝』をもとに推定すると、魯の襄公二十一年、すなわち紀元前五五二年にあたる。孔子の出生年月日は論争があるとはいっても、誤差は大きくない。

しかし海昏侯墓で出土した孔子画像を描いた屏風は、史書と記載が一致しない。このような一句があるのが突然目に入ってくる。「魯の昭公六年、孔子は蓋し三十」。これは孔子の年齢を十四年も繰り上げるもので、もし本当であればこれは重大な歴史的発見であろう。なぜなら、孔子の卒年は明らかで、魯の哀公十六年、すなわち紀元前四七九年だからである。そうすると、すべての時間幅に変化が生じ、孔子の一生は大幅に書き改めなければならず、孔子の寿命もまた私たちが通常考えている古人よりもかなり長く、八十歳を超えて米寿に近く、今日をもってしても長寿に数えられる。

　孔子の身長がどのくらいであったかについて、歴代史家はずっと議論している。『史記』「孔子世家」の記載によれば、孔子の身長は九尺六寸で、人はみな「のっぽ」といいこれを異とした。「九尺六寸」はどのくらいか？ 前漢尺（一尺は現在の二三・一センチメートル）によって計算すると、約二・二一メートルの偉丈夫であり、現在の中国バスケットボールスター選手の穆鉄柱《ぼくてっちゅう》、姚明《ようめい》の身長とあまり変わらず、これがもし今日であったら、おそらくアメリカNBAの「スター選手」になっていただろう。しかし考えてみれば、それはありえないのではないか。ある専門家は、司馬遷の謂いはおそらく当時の伝説の一種で、普通に考えて孔子を尊んで「文王」のイメージをつくり、聖人化するある種の必要性から出たものだろうという。

　しかし、ある研究者は司馬遷が書いた『史記』はそれ以前に各国が残した史料にもとづいて書いたもので、『呂氏春秋』のなかにも孔子が国門の閂《かんぬき》を抜く話があり、孔子は身長が高くたくましく、力が強かったとする。さらに現代の文人は、孔子は絶世の武術の達人で、武功は世に抜きん出ており、そのインスピレーションはおおむねここに由来すると想像する。中国古代の儒学は等しく「全人教育」を提唱し、とくに「礼、楽、射、御、書、数」の六芸を尊んだ。孔子の家伝の学問の根源が「内外兼修、文武双全」にあるというのはおそらく嘘ではなく、どんな武術界の達人であってもただ苦笑するしかなかった。しかしひとつ確かなのは、孔子は当時弟子らと十四年にわたりさまざまな困難をへて列国を周遊した経歴があり、また孔子が長寿であったという記録からみて、強い身体と精神力がなければおそらく「任務を完了することが不可能であった」ということである。

　孔子は魯国人で、すなわち現在の斉魯の地である。いにしえより山東は好漢を輩出し、また大男が出る。聞くところによると、今日の中国三軍の儀仗隊隊員は主に山東出身であるという。孔子を高身長と描写した資料はおそらく魯国に由来する可能性が高い。魯国は周王朝の礼制と文化をもっとも忠実に保ち、魯国の尺度もまた西周と同じであったにちがいない。西周の一尺はほぼ現在の一九・七センチメートルあるいは一九・九センチメートルに相当する。このため魯国の史料記載を西周尺によって計算すると、孔子の身長は一・八九メートルから一・九一メートルの間となる。

　著名な文物収蔵家の馬未都もまた「各種文献記録のなかに描写された孔子からみて、彼は背が高かったにちがいなく、一般の人より高かったはずだ」と考えている。このように、孔子の身長には三つの説がある。孔子の本当の身長が結局どのくらいであったのかについては、さらなる専門家の考証が待たれる。

　このほか、屏風中にある孔子の境遇に関する記載もまた非常に意味が深い。『史記』の記載によると、孔子の父親と母の顔氏は野合して孔子を生んだが、屏風のなかで使用する文字は「野居而生」である。古人は私たちが想像するように保守的ではなく、思想の開けたおおらかな気風の人たちである。現代中国語から理解すると、野合と野居は明らかに同一のことではなく、「野合」がはっきりと示しているのは孔子が「婚外子」であることで、俗にいえば「私生児」である。一方、「野居」が意味しているのは、孔子の生父と生母のふたりはおそらく自由恋愛で、外に同居していたことである。当然、古人の両性の関係に対する理念は今日の法律のようにはっきりと明確に境界線をひくものではなく、彼らからみると「野居」と「野合」の間

青銅製の雁形をした席鎮
（西蔵槨娯楽用具庫より出土）

には大きな差がなかったのだろう。史料がどのように記載しようとも、孔子を偉大とする後世の認識には少しも影響することがなく、そうした認識は主として孔子の母親が身をもって示した教育への高い評価に由来しているのである。

　宋代の王安石は、「聖人の道は大いに能くしまた博く、学ぶ者が得る所はみな秋毫《しゅうごう》なり。古より伝うるに未だ孔子有らずと雖も、蠛蠓《べつぼう》何ぞ天高きを知るに足らん」と書いている。要するに、我々が現在学び知っているところの聖人孔子は広大で深遠であり、九牛の一毛にさえ到達することはできない、ということである。それでは、海昏侯墓から出土した孔子屏風には、どれほどの新しい情報があり、さらには世の人の知らない秘密が含まれているのだろうか？またそれらの記載は、真実で信頼できるものなのであろうか？

　二千年来、孔子の一生について多くの考証があるが、依拠するところの資料はその実みな簡単すぎて意を尽くさない断片である。一生涯のうち鎖のとぎれた部分は、多くが推理に頼って連結したものでしかない。中国伝統文化のなかで孔子が占める特殊で重要な地位に鑑みると、海昏侯墓の孔子屏風が提供する新史料は、誤りを見きわめるだけでなく事実を証明するもので、綿密な研究を進める必要があり、こんがらがったままにして、ないがしろにすることもできない。ここでいえるのは、海昏侯墓がきわめて大きな考古学的、文献学的価値を有しているということだけである。

二十八、海昏侯墓——消えてなくなった漢代の「男装」

海昏侯墓から発見された絹織物のなかに、漢代の「男装」はあったのだろうか？

素紗単衣（馬王堆一号漢墓より出土）

印花敷彩紅紗綿袍（馬王堆一号漢墓より出土）

絹織物はもっとも保存が難しいもので、漢墓のなかで千年の風雪をへて良好に保存されてきた絹織物は多くない。かつて長沙の馬王堆漢墓で出土した大量の絹織物はその美しさにより一同を驚かせた。それらは、保存が完全で種類が多く、絹・綺・羅・紗・錦があるだけでなく、さらに卓越した技巧の素紗単衣があった。長さは一・二八メートル、長い袖をもち、重量はわずかに四九グラム、服の所有者である辛追夫人が「流行に敏感な女性」であったことをありありと示している。劉賀の品位は世間一般ではなく、その身分の特殊性に鑑みて、海昏侯墓に絶世の珍品というべき絹織物があるとすれば、私たちに漢代男性の服飾のありようをみせてくれるのではないだろうか？

棺を開く前、人々はみな劉賀が漢代の規定で最高の殮《れん》服——金縷玉衣《きんるぎょくい》を着ているかどうかを推測した。新中国の成立以来、全国ですでに二十件を超える玉衣が発見されているものの、金縷玉衣はわずかに五件である。そのうちもっとも珍しいのは一九六八年に満城漢墓で発掘された中山靖王劉勝（武帝の異母兄）の金縷玉衣である。全体の長さは一八八センチメートル、全部で二四九八枚の玉片を用い、金糸の重さは一・一キログラムに達する。漢代の人は、玉に

幾何学文絨圏錦

よって遺体を腐朽させずに保つことができると信じた。しかし玉衣の使用には厳格な規制があり、劉賀の当時の境遇は、必然的に軽々しく一線をこえることはできなかった。

　二〇一六年三月二日、首都博物館のニュース発表会場で江西省文物考古研究所所長の徐長青は、内棺内で金縷玉衣を発見できなかったものの墓主人の遺骸の下には金糸で綴ったガラスの敷物があったことを発表した。ガラスの敷物を編むのに用いた糸は実際には金糸ではなく、一層の金箔で包んだ絹糸であった。金で包んだ絹糸で綴ったガラスの敷物は、漢墓考古学のなかではかなり珍しいものである。「かつて江蘇省連雲港市東海県の尹湾漢墓から出土したことがあるだけで、文献中にはガラスの敷物に関する記載がないため、現在のところこの墓の主人がかなり入念に葬られたことがわかるだけである」という。ガラスは漢代には玉よりさらに珍貴であったために、一般的にみな皇室の手中に握られていた。またある専門家は、「棺内文物の積み重なった痕跡からみて、ガラスの敷物は体の上を覆っていたのかもしれず、ガラスの覆いがけであったかもしれない」とする。結局のところ敷物なのか覆いがけなのかは、さらなる考古学的研究が待たれる。

　さらにあまり一般の人には知られていないが、考古調査者が非常に重視する絹織物が荒帷《こうい》である。劉賀の棺の内棺棺蓋で荒帷の痕跡が発見された。荒帷とは現在いうところの棺覆いであり、秦代以前の古典籍のなかに数多く出現し、死者の生前の居室帷幄《いあく》の類を模したものである。専門家の情報では、発見された荒帷の痕跡はおよそ内棺蓋の三分の二の面積におよんでおり、図案配置は比較的完全であったが、側面にかかっていた荒帷はすでにあとかたもなかった。「小さな花穂のような漢代の文様で、ひとつの単位が三〜四センチメートルほどで、織物上に刺繍されていたのだろう。生地は初歩的な見立てでは縮緬《ちりめん》の類に属し、比較的薄くて軽く、縦糸と横糸はまっすぐではなくねじりを加えたもので、そのままの状態で皺が立つ。それは織物製作の面で、平織り織物にくらべて難易度が高い」。二千年あまりをへて絹織物でつくった荒帷はすでに現場でとりあげるすべがなかったものの、もとのすがたを復元することはできた。

　現在、考古学研究者は棺内にその他の衣服と絹織物があったかどうかという情報を公表していない。内棺はまだ精査中であり、当時の常識をもとに推測するならば「漢代の人の埋葬に際しては、遺体に四季それぞれの衣服を一層ずつ着せなければならなかった。一般に、爪ほどの大きさの断片から織物の種類を断定しなければならない」のである。遺体がなお残っていたからには、身に着けていた衣服の糸くらいは残っていた可能性がやはり大きく、残留量の多寡はどうであれ、漢墓で出土した男子服飾の欠落を補うことができるはずである。

二十九、海昏侯——「文学青年」か、「無駄飯食い」か

なぜ人は劉賀を「文学青年」といい、また「無駄飯食い」などというのだろうか？

史料と後世の人がどのように「漢廃帝」劉賀を評しようとも、現在すでに南昌前漢「海昏侯墓」から出土している多くの「面白く」、「おいしい」文物から、人々はある種まったく新しい認識を、劉賀に対していだくようになった。彼に対する判断を見なおすことができるかどうかは、歴史家の仕事である。私の目には、年若い海昏侯劉賀は、まずは血も肉もあり、生活というものを心得て、情趣に富み、ふたつの大きな特質を兼ねそなえていたように映る。その特質のひとつは「文学青年」で、もうひとつの特質は「無駄飯食い」である。

第一の証拠は、墓のなかから孔子と関係する文物である屏風と大量の文献が発見され、五千点あまりの木牘竹簡を含んでいたことである。このことは、儒教が漢代に深く影響をあたえていたことを反映し、また死者の儒教文化に対する厚い尊崇を体現している。現在に置きかえれば、そのように大量の木牘竹簡は、家に数千冊の蔵書があるようなものであり、副葬できたのは彼が愛読した一部分のみであっただろう。考えてみてほしい、「無学」の人がそのように孔子を尊崇し、またそのように多くの「書籍」を珍蔵する必要があるだろうか？　漢代の死者が生前使用した物品を副葬したことに照らせば、これらの「書籍」はおそらく劉賀の余生の歳月をともにしたものであろう。退屈で仕方ないときに夕日のもと、書斎のなかで痩せて背の高く体の弱い劉賀は、ベッドの上に半身を起こし、書物を手から離すことなく常時読みふけり、やがて憂鬱と憤懣が体を満たし、死んでしまったのである。

第二は、大墓蔵槨の文書庫中で、さらにふたつの硯が出土したことである。江西省文物考古研究所の研究者は、「このふたつの硯は海昏侯が生前に使用したものにちがいない」という。

漆盒・硯（西蔵槨文書庫より出土）

硯は保存状態が完全で、長方形を呈し、桃の花の図案を刻んでおり、つくりは非常に精巧で、「海昏侯が生前よい教育を受け、文章字句を推敲することを好んだことを物語っている。劉賀という人は幼いころから『親の七光りの二代目』のお坊ちゃんで、いたるところをうろついては『色香を漁った』。たとえのちに権力がなくなっても彼には『お金がないわけではなかった』ので、相変わらず『お金でほしいままに』できたが、この頃は『女性を追いかける』のではなく、静かに読書し揮毫をしていたのだろうか？　これは劉賀が十分に『文人の模範』であったことを証明するに足りている」。

第三には、出土文物のなかにはいくつもの精美な博山炉があり、なかでも主槨室のそれのつくりは精巧をきわめていた。江西省文物考古研究所所長の徐長青がいうには、漢代貴族はにおいに対して非常に気を遣っており、香をたかずにはいられなかった。寂寥のときを過ごすために、あるいは香をたいて味わい、しばしば二、三人の文人の友を招いては詩賦をつくり吟じ、囲碁の対局をし、あるいは香をたいて琴をとり、若干の酒の友を招いては「酒に対《むか》いては当《まさ》に歌うべし、人生は幾何《いくばく》ぞ」と過ごしたりした。当時どのような心境であったにせよ、その格調は高く雅びで、雰囲気は相当に気のきいた趣があった。心境がこのように清雅な人は、おそら

青銅製鍍金香炉（主槨室西室南部より出土）

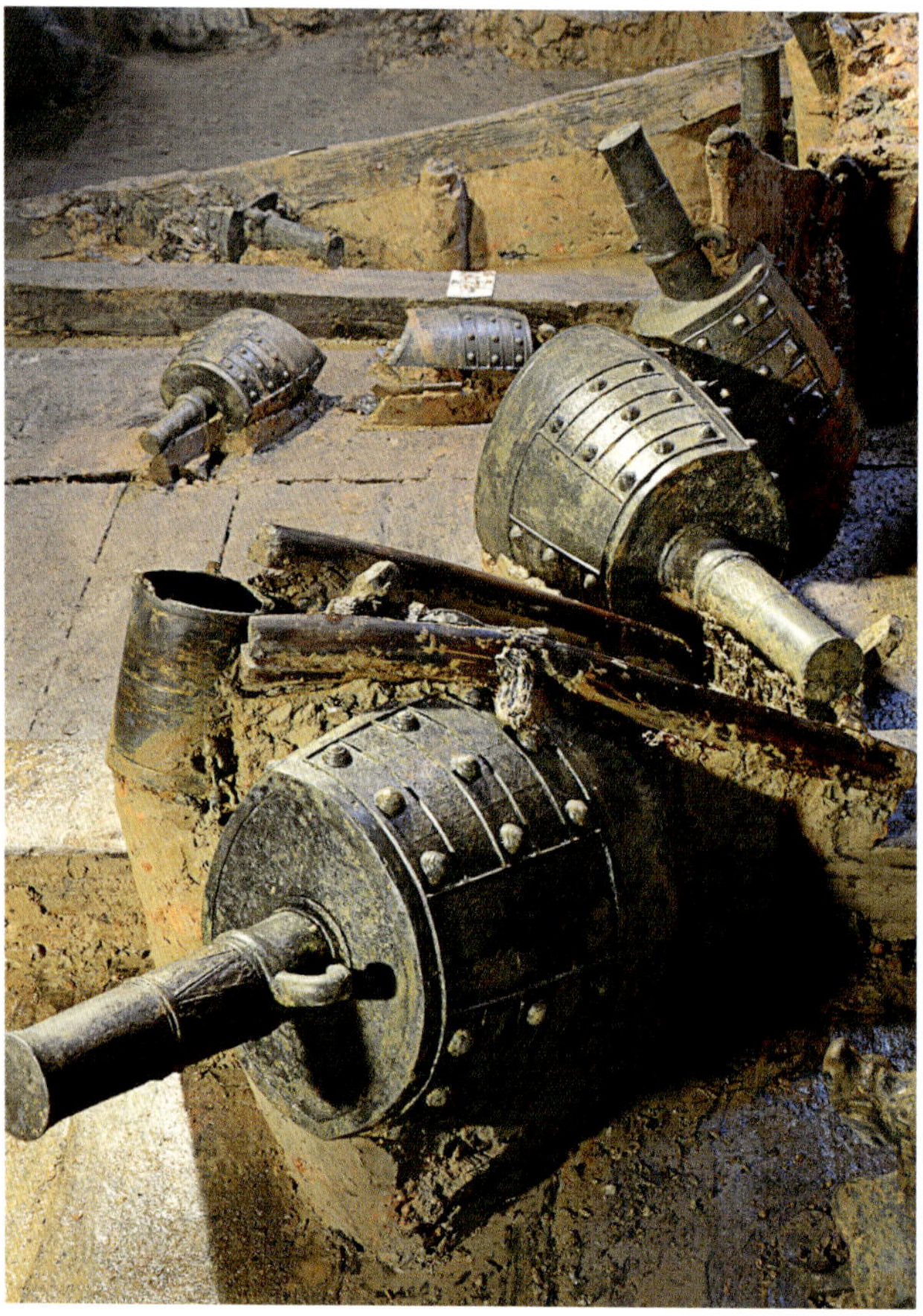

青銅製甬鐘

くそれほど悪い人ではなかっただろう。劉賀は日々の生活を楽しみ、その情趣を追求した人であった。

第四に、海昏侯墓のなかからは、保存状態が完全な二組の編鐘と一組の編磬が出土したほか、さらに非常に精巧につくられた美しい瑟《しつ》が二点出土した。瑟の表面には銘文があり、この瑟の大きさと弦の数が記載されていたが、一部の文字はよく識別できなかった。瑟は古代の酒宴でよくみられる演奏楽器であり、一般的に琴などの楽器と合奏された。ゆえに中国では昔から「琴瑟相和す」の謂《いい》がある。そのころの劉賀は、夜ごと楽器を奏《かな》でて歌ったか、あるいは静夜に思索にふけったのだろうか、風流を気取ったか、あるいは多芸多才を示したのだろうか、心を整理したか、あるいは自己陶酔したのだろうか、私たちには知る由もない。それについては専門家の考証を待つとしても、生前の墓主が弦楽に親しみ、音楽を愛好したことは疑う余地のない事実である。

青銅缶（東周時代。北蔵槨東部酒器庫より出土）

第五に、海昏侯娯楽用具庫では金糸を象嵌した囲碁盤が一点出土した。いくらか欠損があったが、考古学者はこの囲碁盤は碁を打つのに用いられたと断定している。このことから推測して、碁を打つことも海昏侯の主な趣味のひとつであったのだろう。これらいくつかの手がかりによって、劉賀の広範な趣味、趣に満ちた生活の一端を見ることができ、これはある程度劉賀が「無学」ではなかったことを説明する。おそらく文学に対する造詣は非常に深く、文化品位を重んじ、琴棋書画《きんきしょが》をいずれも渉猟し、典型的な文人の雅びを身につけていた可能性が高い。

中国の美食文化の歴史は長く、世界でよく知られている。ドイツの新聞のある文章でいうには、「厨房の匙は真の文明の権威の杖であって、美味は野蛮を消し去る最良の武器である。飲食は、中国の社会生活において古来より一定の地位を占めてきたのに対し、欧州では十九世紀になってもきちんとした食譜は存在せず、東方では遠い昔の時代から美味佳肴の詩歌を詠唱していた」。このたびの海昏侯墓などの考古学的発見からみると、海昏侯はロマン的な「文学青年」であっただけでなく、典型的な「食いしん坊」であり、美食文化に対しても非常に心得があったのである。

五穀など（北蔵槨より出土）

青銅製火鍋（東蔵槨調理道具庫北部より出土）

木筒内の冬虫夏草（北蔵槨出土）

第一の証拠に、海昏侯墓で出土した、精巧に設計され、造形の美しい青銅製火鍋がある。これははやくも二千年以上前に海昏侯が青銅火鍋でしゃぶしゃぶをしていたことの証拠である。劉賀は幼いころより山東省巨野の封国である昌邑国で生活し、北方人の「しゃぶしゃぶ鍋」の習慣を知らなかったはずはなく、おそらく日常的に大いに楽しみ、彼が海昏国へ移ったあとも、ひたすら恋しく思う「故郷の味」として残ったのであった。このことからも海昏侯は「食いしん坊」の美名を勝ちとるのである。

第二に、北蔵槨のなかから山のように積みあげられた五穀などが出土したことである。馬王堆漢墓中のレンコン片のような「みずみずしさ」はなかったが、しかし専門家はそのなかに小麦と瓜の種を見いだした。北蔵槨のもっとも東側で発見した一組の青銅蒸留器のなかにはクリ・クロクワイ・ヒシの実などの植物がぎっしり詰まっており、蒸留器の付近ではさらに提《てい》梁卣《りょうゆう》、青銅器の鈁《ほう》などの酒器が出土した。このことはさらに、当時この小さな海昏国のなかで毎夜楽器を奏し歌をうたう嗜好があり、杯をあげては談笑する賑やかさもまたあったことを説明している。

第三に、出土した一点の漆盒の中に、さらに冬虫夏草のようなものが発見された。考古調査員は興奮してやまなかった。漆盒は水につかっており、漆盒内の冬虫夏草は泥水にまみれていたものの基本的には完全に保存されており、外形は現在の市場にある冬虫夏草と変わりなかった。これは古人が漢代にはすでに冬虫夏草を薬としており、またよく食用にしていたことを説明している。海昏侯は「養生、保健」をよく理解した人に数えられるが、ただ惜しむべきことに彼の一生は不幸が多く、身体が弱く多病で、これに加えて心は鬱々として晴れず、この世でわずか三十四歳の年月を生きただけであった。

劉賀の運命は再度、ある人生の哲理を証明する。それはすなわち、才を発揮するには命が必要だ、金があっても病があってはだめなのだ。

三十、海昏侯墓の主棺──「実験室」に移された研究の現場

海昏侯墓の主棺はどうして現場を「撤収」して実験室に移されたのだろうか？

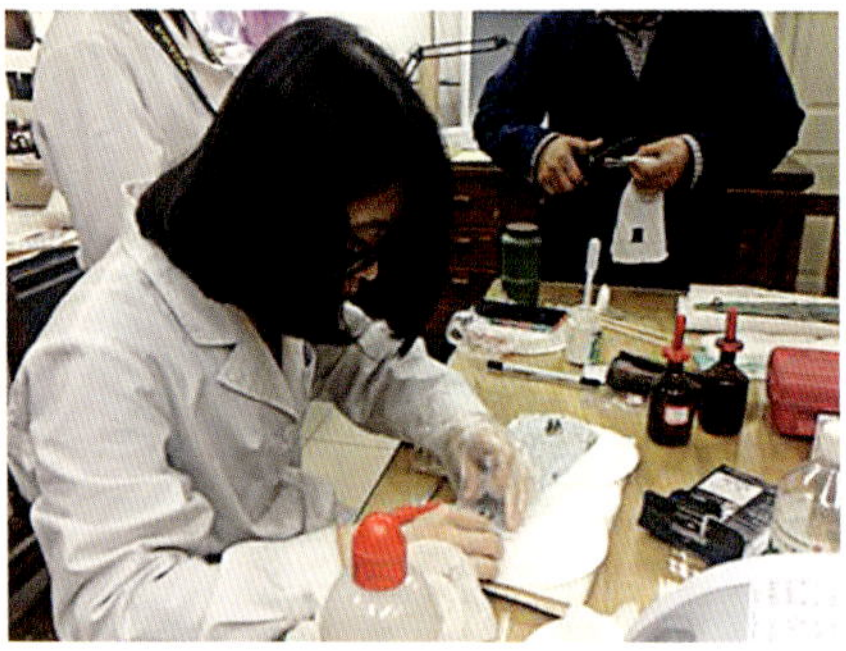

研究員が実験室内で文物を修復する

どうして墓壙内の現場で棺を開けることなく海昏侯の主棺は「引っ越し」する必要があったのだろうか？これを担当した江西省文物考古研究所の博士研究者がいうには、一号墓外棺の初期精査時に、専門家らは地震の影響によって主槨室が倒壊して破損し、外棺の板はみなすでに崩壊し、内棺もまた一定程度の影響を受けていることを発見した。考古調査の過程においては最初の一時的保護の重要性が強調される。このため国家の関係部門は海昏侯墓から一キロメートル離れたところに国際的にも一流レベルの低酸素実験室を建設し、この実験室が国内の考古発掘調査で初めて運用されることになった。考古専門委員会は主棺全体を「梱包」して低酸素実験室に運ぶことを決定した。低酸素実験室は人工的につくり出した環境のため、非常に多くの大型加温加湿機器で実験室の湿度と温度を一定に保つだけでなく、空気中の酸素含有量および室内の温度・湿度などの環境の完全コントロールが可能であり、実験室内で生成・排出される酸素含有量を一パーセント以下に抑え、相対湿度を二〇～八〇パーセントの範囲内に調整した窒素ガスを供給することができる。文物損傷を防止するために通常の空気濃度を下げたため、研究員は酸素バックを携帯して

主棺を外箱に入れて、吊り上げて実験室へ運ぶ

作業し、また各角度にビデオカメラを設置し、三六〇度無死角で全工程の記録が可能であった。

このほか、実験室のなかには低酸素作業室、遺体保存ケースなどがさらに配備されており、これらは中国考古学史上いずれも初めて使用されたものである。低酸素作業室では、主に特殊な文物と重要な文物に対して保護と修復をおこなう。文物は元来あった場所の恒常的な環境を離れると、すぐに酸化破壊するためである。今回の盗掘を逃れて実施した緊急発掘では、出土した重要文物は無酸素あるいは低酸素状態のもとで保護と修復をおこなう必要があった。たとえば出土絹織物が環境に求める要求は非常に高く、低酸素環境は酸化を防止するのに有効であり、実験室内で調査整理を進めることが修復と長期保護のためにも有効であった。そのほか、調査の時間と空間にも、いっそう制約がなくなった。過去には、埋蔵されている地下の文物の材質および状況に対する理解が不十分で、正確に把握できず、当時の技術的条件では、発掘調査中に出土文物が損なわれることもあった。このため棺内の文物をさらに十分に保護するために、保存専門家はそれ全体を包んで実験室に運ぶことを決定し、内棺のとりあげ作業を実施した。

二〇一六年一月十五日、地下で千年の眠りについていた南昌海昏侯墓の主棺は全体を梱包され吊し上げられて、実験室に運ばれ、次の段階の整理発掘がおこなわれた。吊り上げによる運搬は二回にわけておこなわれた。一回目は、あらかじめ箱に梱包された五銖銭を吊り上げて運んだもので、その箱の重さは三トン前後に達した。二回目がもっとも関心を集めたもので、重さ四トンに達する内棺の吊り上げ運搬を実施した。調査員の念入りな準備と科学的な吊り上げ装備によって、ふたつの大箱は安全、無事に一キロメートル離れた文物保護センターに運ばれた。考古学調査員の説明によると、これらの吊り上げ運搬作業は非常にスムーズに進み、主槨室中の文物はポリエステルの新素材でぴったりと隙間なく包まれて、基本的に何ら影響を受けることなく、内棺の開封作業が期日どおりにおこなわれ、専門委員会による最終的な判断が下されるまで、完全な状態が確保されたという。

三十一、海昏侯墓の考古学——専門を超えた高度科学技術

海昏侯墓の考古学調査にみる、専門領域を超えた高度科学技術とは、どのようなものだろうか？

海昏侯墓の発掘は、多くの専門分野と高度科学技術が完全に結合し、そして全面的に展開されたということができる。高度科学技術の手段による支えがなければ海昏侯墓の考古発掘調査はこのように順調に進むことはなかった。それでは、調査のなかでどのような高度科学技術の手段が用いられたのだろうか？海昏侯墓の形態と構造は複雑で、文物の種類は多く、かつ壊れやすく腐りやすかった。文物が科学的に発掘され、とりあげられ、記録されるかどうかが、

ドローンによる撮影

中国における列侯墓の規格制度がいかなる基準にもとづいていたのかといった重要な課題に関わっていた。このため、「海昏侯墓」は発掘調査のはじめから多くの専門分野の協力と高度科学技術の運用を重視していた。それにより出土情報の迅速な取得と正確な記録を実現しようとしたのである。

「海昏侯墓」考古発掘調査団は、中国考古学界の多くの精鋭を集めた「代表チーム」ということができる。過去の考古学の初期探査手法はやや原始的であり、人々は墓泥棒の小説や映画ドラマのなかでしばしばみられる「洛陽鏟《さん》（ボーリング用のスコップ）」を使った。それは「摸金校尉」と盗掘者の必須「アイテム」というだけでなく、考古学の専門家も同様に発掘過程のなかで常に使用するものであったが、この「新兵器」は現代の考古学ではすでにあまり用いられなくなっている。江西省文物考古研究所所長の徐長青の説明では、海昏侯墓の発掘と保護の過程においては多くの専門分野の介入と現代の技術手法の応用を大いに重視しており、中国文物考古学界最初の「専門領域を超えた」大連携であるという。たとえば、ラボラトリー考古学・植物考古学・動物考古学、および織物・金属器・漆木器・竹牘・漆塗土器などの文

物の保護方針の策定と実施では、中国社会科学院考古研究所・中国国家博物館・北京大学・荊州文物保護センターなど多くの機関がそれにかかわった。すべての考古調査と保護過程のなかで広範に運用されたのは、考古地理情報システム、航空撮影、三次元測量、長時間露出撮影、データベース構築などのデジタルデータの収集と記録作業であった。最初はGPSとトータルステーションを利用して墓園に対してデジタルマッピングをおこない、三次元測量座標システムを確定し、正位南北方向の基準線をもとに基準メッシュを設定し、線間五メートル、点間二メートル、基準点は九千以上に達し、3D復元図を通して墓室の立体構造を明確に理解できるようになった。専門家の話によると、どんな小さな土器片ひとつであってもそれ自身の三次元座標をもっており、発掘前の地表状況を復元するのに役立つ。それにつづく発掘調査、大規模遺跡の保護、さらに将来の遺跡公園建設のために確かな基礎を築いた。

地球物理探査

　地球物理探査は音波・光・電気・磁力・熱・力学・核磁気などの物理現象を利用して地下の物体を観測する方法で、非破壊で高い効果をえられるという特徴があり、海昏侯墓の発掘調査で運用するのに非常に適した方法であった。徐長青所長の説明では、発掘過程の各時間の節目ごとに3Dの技術を使って測定と記録をおこなうだけでなく、主墓室では各層を精査するごとに測定するという方法によって、全過程を記録しており、発掘を追跡できるという。広大な範囲に対して長時間にわたる高精度の測量をおこない、実態に近い文物遺存の情報を記録することにより、すみやかに製図をおこない、すぐに分析をすることができ、また大量の図化作業時間を節約し、文物を迅速にとりあげて保護し、あわせて現場の出土遺物の分析に対して前もって正確な判断を提供することが可能となったのである。

　海昏侯墓の発掘では、ラボラトリー考古学が非常に大きな比重を占めている。ラボラトリー考古学とは、実験室内で科学実験の手法を使って文物の保護と考古学の発掘とを有効に結びつけることを指し、現場では実施困難な発掘作業を実験室内に移しておこなうことで、文物がもつ有効な情報をさらに効果的に取りだし、さらに良好な状態で文物を保護することを可能にするものである。

　長年にわたり、国内外の文物保存の研究者は文物表面の汚染物の除去について大量の仕事を

青銅器のとりあげ修復と保護

してきた。よく使われる除去方法は、主に機械によるクリーニングと化学薬品によるクリーニングであるが、このふたつの手段は芸術品に対して不可逆的な破損をもたらす可能性がある。したがって、このたびの海昏侯墓の発掘においては、レーザークリーニングを採用した。レーザークリーニングとは一種の新たなクリーニング技術で、レーザービームの特性を利用したものである。集光システムを通してレーザービームを大小異なる光斑に調節すると、レーザ光が同一という条件のもとでは光斑の大きさによってレーザービームが生み出すエネルギー密度と効率密度が変化し、それによってクリーニングに必要なレーザーエネルギーを簡単に制御することが可能となり、文物にまったく損傷を与えることなく有効に汚染物質を除去することができるのである。

　江西省文物考古研究所所長の徐長青らは、世界遺産の基準をもって発掘調査の全過程を指導し、始終現場の文物保護に主眼を置き、十分に高度な科学技術的手法を用いて迅速かつ正確に記録し、文物の情報を取りだし、発掘現場の全過程のデジタル化、映像化、科学化を実現したという。現在のところ、すでに海昏侯国遺跡の初歩的な地理情報システムは構築されており、今後の大遺跡の保護と展示のために科学的土台を提供することとなる。

この墓の発掘では、現在使うことのできるすべての現代科学技術の手段を応用した。発掘が終結したあとではなく、発掘開始直後から非常に多くの種類の科学技術手法を導入して、サンプリング・整理・科学分析などをおこない、科学的研究のための最大限の情報と資料を取り出した。同時に、文物を有効に保護することができ、のちの展示と利用のために堅実な基礎を築いた。また、発掘中は今後の展示と利用の問題も十分に考慮した。目下の文化遺産事業の目覚ましい発展背景のもとで、このような理念と方法は、その他の考古発掘プロジェクトにとって、大いに参考にする価値のあるものである。

青銅製鍍金玉象嵌亀鎮
（西蔵槨娯楽用具庫より出土）

三十二、海昏侯墓の文物保護――漆器の保護と修復

海昏侯墓の美しい漆器は、どのようにして保護すればよいのだろうか？

漆器・木器出土現場の保護（写真上・下）

このたびの海昏侯墓の発掘調査において、多量の絹織物は発見されなかったものの、大量の精美な漆器が出土し、このことから漢代にはすでに漆器の使用がかなり一般的であったことがわかった。どうして漢代の人、とりわけ上層階級はそのように漆器を好んだのだろうか？史料の記載にもとづくと、漢代の漆器製作は精巧であり、色彩は鮮やかで、文様は優美、装飾は精緻であり、貴重な品物であった。そのため『塩鉄論』「散不足」には、「一杯は百人の力を用い、一屏風は万人の功に就《な》る」という。漢代の宮廷は漆器を多く用い、飲食器とした。漆器上に「大官」「湯官」等の文字を刻んだものは、皇室の食膳をつかさどる役所が管理した器である。「上林」の文字を刻んだものは、すなわち上林苑の宮殿に所蔵されたものである。新王朝のときの漆器銘文にもとづくと、当時長楽宮に属した漆器は、漆盤一種類だけでも数千件の多さにのぼった。貴族官僚の家中でもまた漆器の使用が尊ばれ、それらの器の上には、「長沙王后家般（長沙王后家の盤）」「侯家」「王氏牢」のように、おうおうにして封爵《ほうしゃく》あるいは姓氏を記して珍重したのである。飲食器として、漆器は青銅器より製作が相対的に簡単であり、外観が美麗で軽く、洗うのに便利で、実用性がひろ

発掘現場

いといった利点があった。そのため漢代の統治階級に愛好されることとなり、非常に手の込んだものが製作された。

海昏侯墓考古専門委員会委員長の信立祥は、竹木漆製品は土壌を離れてから時間がたつと変形・腐食しやすいため、相対的に保存が難しく、水中に浸して保護する必要があるという。海昏侯墓で出土した漆器は二三〇〇点以上に達し、それらの漆器の多くには製作年・サイズ・容量・製作工人の姓名などの文字が書かれており、のちの考古学研究に貴重な情報を提供した。しかし長時間泥水のなかに浸かっていたことによって、その明るい色艶は出土すると容易に酸化反応を起こしやすく、きわめて短時間の間は維持できるとはいえ、もし一定の技術手段で保護しなければ、このように並はずれて精美な漆器は次第に光沢を失い、黒ずみ、最後には黒変し、漆皮膜は波打ち、本体から剥落し、ばらばらになってしまう。かつては、適切な保護技術に乏しく、また緊急発掘では即時に保護を展開することが難しかったために、ひどいときには文物が損失することもあった。今回の海昏侯墓発掘調査においては、出土文物上の文様あるいは文字をはっきり確認するために、考古研究者は出土した竹簡に赤外線照射をおこない、車馬坑の車馬具にX線をあてた。車馬具の木質構造はすでに腐っていたが、金属の部品と飾りはまだ残っていた。これら金属部品上の文様をはっきりとみるために、保存専門家はまずそれにX線をあて、その検出結果にもとづいて修復をおこなった。竹簡の墨書識別で使用した赤外線照射の技術は、非常に多くの肉眼ではみることのできない墨痕を赤外線のもとではっきりと表示するもので、専門家の釈読を進めるのに役立った。

　そして、今回の海昏侯墓の漆器の発掘と保護において、考古学者はグリオキサール法を採用して大墓中の漆器に対して保護をおこなった。グリオキサール法はかつて湖北省博物館の漆器保護専門家であった陳中行が六年間没頭して研究した独創的な方法で、この方法は低コストであり、簡単な設備でよく、普及させやすく、各時代・各種形状の漆器に適用でき、成功率は一〇〇パーセントに達する。この成果は先に文化部科学技術推進一等賞と国家科学技術推進三等賞を獲得し、陳中行はこのため国内外から「漆器保護の第一人者」と称されている。漆器の脱水処理の原理は複雑ではなく、簡単に言えば「充填物」に入れ替えるのであり、漆器中の水を排出し、固めて形状を保つ化学物質で置き換える。しかしながら、実際に作業をしてみると簡単ではない。陳中行の紹介によると、「漆器脱水の過程は、ある種の化学反応を借りて可逆反応が起こる過程であり、薬剤と水の配合をどのように調整するか、どのような濃度と比例関係を採用するか、これらはいずれも漆器の材質と木胎の保存状況などの面とあわせて判定しなければならない」という。グリオキサール法の周期は長く、たとえ処理するのがひとつの小さな資料であっても、少なくとも一年の時間が必要で、かつ毎日詳細に反応を観察し、適時濃度を微調整しなければならず、過程がゆっくりであればあるほど漆器に対する損傷はさらに少なくなる。このようにしてようやく各漆器は本来の様相をもって人々の目の前にあらわれるのであって、このためこの作業は非凡な忍耐力と細心さが必要である。このことから考えて、人々がすべての漆器の本当のすがたを目にするにはさらに一定時間「静かに待つ」必要がある。このため、二〇一六年三月二日に海昏侯墓の四四一点の貴重な出土文物が初めて北京に運ばれ首都博物館で展示されたとき、漆器や竹簡などの脆弱な文物は北京に運ばれず、首都博物館の展示室に設置された大スクリーンに特定項目のビデオを流し、現在すでに修復が終わった三十三点の精美な漆器を「遠隔展示」した。将来いつの日か、さらに多くの修復後の貴重な漆器とその他の文物をぞくぞくと人々が目にすることになると信じている。

三十三、海昏侯墓の発掘——中国考古学の新時代のはじまり

海昏侯墓の発掘が考古学の新時代を開拓したというのは、なぜだろうか？

江西省南昌市の前漢「海昏侯墓」は、多くの端緒を開き、「考古学における最高」の国家級発掘プロジェクトを実現した。紫金城に代表される海昏侯国の遺跡と南昌の前漢大墓に代表される墓葬群は、これまで中国において発見されたなかで、面積が最大で、保存状態がもっともよく、内容がもっとも豊富な漢代侯国の集落遺跡で、国家クラスないしは世界クラスの重要な文化遺産であり、現在までに研究されてきた前漢侯国史上、もっとも独特で面積が最大の遺跡である。二〇一六年一月十二日、中国社会科学院は北京で二〇一五年中国考古学六大新発見を発表し、江西省の南昌海昏侯墓はその最上位に名を連ねた。権威ある専門家による一致した見解であった。

発掘期間中、中国考古学会秦漢考古専門委員会などの部門は、南昌市で「秦漢考古の観点からみた漢代海昏侯墓地の考古学的調査およびその意義についての学術シンポジウム」を開催し、四十余名の秦漢考古学のトップクラスの専門家が南昌に集結し、考古発掘の重大な成果とその意義について研究討論した。発掘現場の見学を通して、出席した専門家らに大きな感動をあたえた。専門家らはつぎつぎに、「海昏侯墓」は中国考古学の発掘・文化遺産保護の模範とするに足り、きわめて高い価値を有していると指摘した。専門家らが共有する認識は以下の通りである。

第一に、海昏侯墓の考古調査は一流と称するに足る。科学的には未曾有の高水準に達しており、この墓の保護と発掘実施は、文物の保護と考古学の進歩のために多方面に啓発をあたえた。一九五〇～六〇年代には、考古学の発掘はひとつの墓に関心を注ぎ、周囲の墓園や城に対しては理解が十分ではなかった。ここ何年かの考古学的調査の進展にともなって、研究者らはこれらの問題に次第に注意するようになった。海昏侯墓の考古発掘調査は、海昏侯国というひとつの総体をあつかっており、主墓と墓園だけでなく、墓園内の祭祀建築や陪葬墓がみな完全に明らかにされた。また、この海昏侯墓以外に、数基の墓が存在することも確認されている。この付近には海昏国の都城遺跡があり、貴族と平民の墓地も存在する、完全な体系をそなえたきわめて大きな価値を有する遺跡といえる。

第二に、国家の支持、専門家の指導、現地の

発掘整理した主墓の南回廊と甬道

参与、協同という新たなモデルをつくり、全国各地から集まった専門家および研究機関が今回の発掘調査に参与した。江西省文物考古研究所は全国の十以上の研究機関と協力関係を形成し、このような調査方式はその他の考古学的調査、さらにはその他の専門分野の学術課題の研究にとっても大いに参考とすべき模範的意義を有しており、現代中国考古学およびその文物保護にとってより多くの貴重な経験を蓄積した。

このほか、今回の発掘は情報公開化の理念にしたがった。現在パブリック・アーケオロジーが全世界でとくに重視されており、海昏侯墓の発掘期間中メディアが多数介入し、全国の国民がすぐに発掘状況を目にし、さらには展覧会の展示を通して最新の考古成果をみることができるようにした。これは今後の一定期間、国内の考古学界に大きな影響をあたえることになるだろう。この墓の保護と発掘調査の実践は、文物保護と考古学の進歩に貴重な経験を提供し、多方面にわたる積極的な啓発をうながしたのである。

第三に、歴史研究における海昏侯墓の価値は計り知れない。その価値はすでに馬王堆漢墓を超えたとする評価がある。これはおそらく出土文物の数量と一部文物の品質にもとづく判断である。実のところ、出土文物の数量は、これまで考古学の調査において古代の遺跡・遺物の価値を判定する主要な指標とはされてこなかった。しかしながら、発掘後の調査はなお進行中であり、とりわけすでに出土した数千点の簡牘が整理・保護の作業をへて釈読研究の段階に入り、驚くべき発見があるのではないかと期待される。もし簡牘資料の内容が充実しており、保存状態が良好であれば、あるいは情報量においてこれまでに各地の秦漢墓から出土した副葬簡牘の発見・収穫をしのぐ可能性もある。

第四に、海昏侯墓から出土した文物の考古学的価値は非常に高い。北京大学考古文博学院教授の趙化成は、「それは一般の列侯墓ではなく、墓葬の形状と構造からみると典型的な列侯のものに符合するものの、副葬品中の鍍金車馬具や金器などからみると一般的に皇室で用いられる品で、列侯墓中ではきわめてまれにみるものだ」という。そのなかのいくつかの文物は中国における前漢考古史上で初めての発見であり、これらの文物はあるいは「孝宣之治」に対する十分な具体的証明を提供できるかもしれず、前漢当時の政治・文化・経済・礼制・交通・一般民衆の生活状況などをさぐる上で、いずれも重要な意義を有している。さらに重要なことに、これは中国においてこれまでに発見された漢代侯国の遺跡のなかで、面積が最大で、保存状態がもっともよく、内容がもっとも豊富なものであり、国家レベルあるいは世界レベルで貴重な歴史文化遺産であり、重大な研究成果と展示利用の価値を有している。

第五に、中国漢代墓葬の墓外建築について非常に大きな価値を有している。南開大学歴史学院教授の劉尊志は、「墓外建築は多種多様で、それらが全体として完全なかたちの列侯墓園を構成しており、漢代墓葬の墓外建築の研究のために大きな価値を有している」と考える。同じく、秦漢考古の専門家で南昌前漢海昏侯墓考古専門委員会委員長の信立祥は、南昌前漢海昏侯墓の発掘は漢代史研究、とくに前漢列侯の葬儀・埋葬制度にきわめて重要な資料を提供したという。

第六に、出土した屏風にあらわされた孔子故事に関連する図像と文字は、儒学史学者によって重視され、図像史学と美術考古学の研究者らにも重要な情報を提供するものである。社会思想史・社会意識史の観点からの考察で、この資料は武帝が「百家を罷黜《ひちゅつ》し、六経を表章」し、「孔氏を推明し、百家を抑黜」して以来、儒家の地位が次第に上昇し、正統という地位を意識中に形成するにいたる歴史的過程を示す非常に重要な文物である。

第七に、墓主の身元が前漢初代海昏侯劉賀であることを確定した意義は重大である。江西省文物考古研究所所長の徐長青は、南昌前漢海昏侯墓地の場所は文献に記載された前漢昌邑王劉賀の封地であると考えている。本物の車馬を用いた陪葬坑のなかから出土した精美な文様が刻まれた鍍金・銀象嵌青銅車馬具は、『続漢書』「輿服志」に記載された「龍首銜軛《かんやく》」あるいは「王の青蓋車」と類似する。墓園内の多くの場所では、さらに等級がきわめて高い礼制建築の痕跡が発見されている。このほか、墓内では「食官」「南昌」「漢」「昌邑九年造」「昌邑二年造」「昌邑十一年造」などの文字のある漆器、青銅器、印章、木牘が出土し、これらは初代海昏侯の時代に属し、彼が置かれた状況と基本的に符合している。南京博物院考古研究所副所長の李則斌は、まさにこの墓は侯の規格、王の規模に達するもので、多量の副葬品は帝王の特殊性を示しており、「王、帝、侯」を一身にした漢廃帝劉賀の数奇な人生を概括的に示していると指摘する。これにより、墓主の身元が初代海昏侯劉賀であると確定し、また関連する発見は、あるいは私たちが当時の歴史を考察するための新視角を開くことになるかもしれない。海昏侯の封国は南昌にあり、その考古学的収穫はまた地域の文化研究の深化に大きく貢献することになるだろう。

三十四、海昏侯墓の考古学研究——戦いはいまだ終わらず

墓主がいかなる人物かを確定できれば、考古学の研究は終わりなのだろうか？

海昏侯墓の主人の身元が確認されると、それは海昏侯墓考古研究調査の終結を意味するのだろうか？ことはそれほど簡単ではない。棺を開いたのは第一歩にすぎず、将来にわたっておこなわねばならない研究調査がまだ大量にあり、墓主の身元の確定はこのたびの考古発掘調査のひとつの段階的な成果というだけで、これにつづく整理・修復・研究には任重く遠い道程がある。

中国社会科学院考古研究所文化遺産保護センターに要請して紡織品の現場保護を実施した

二〇一六年三月二日、江西関係者が北京で正式に対外発表し、墓主の身元を南昌前漢海昏侯と確定した。それでは、現在までに出土した遺物とそれにもとづく研究成果によって、「漢廃帝」に対する歴史的評価は書きかえることができたのだろうか？これもまた人々が関心を持っているひとつの熱い話題である。どのような史書もまた、そのときの統治者の影響から逃れられず、封建制下の史書は、おうおうにして権力者の「ぼろ隠し」であった。劉賀は二十七日間の皇帝であり、歴史の評価はひとつもよいところがなく、完全なマイナス評価である。現在発掘されているものからみて、少なくとも劉賀には贅沢三昧の一面が感じられる。しかし孔子図像と大量の簡牘からみて、この人にはまた文人、雅人という別の一面があった。海昏侯劉賀は結局のところ、どのような歴史的人物なのか？これはおそらく海昏侯墓研究のひとつの核心的課題であるものの、目下のいくつかの「新見解」はほとんどが専門家の推論であり、もし系統的な整理と研究が進み強力な史実証拠が発見されれば、人々の劉賀個人に対する評価も変わるはずであり、ひいてはその不当な歴史的結論を覆すことになるかもしれない。

海昏侯墓の価値を議論するにあたり、もし視線をそれらの文物財宝の「位置づけ」上にのみに注ぎ、急いで価値を計ろうとするのであれ

ば、それは目先の功利を求めるばかりで視野がせますぎる。海昏侯墓は「廃帝」を映したシルエットをみせている歴史の縮図なのであり、その価値は大量に出土した文物が包含している歴史情報のなかにあるのである。金銭的価値をもって計ることができる簡単なものではない。そのなかに含まれている巨大な歴史的価値と文化的価値こそが、海昏侯墓の考古学の本当の価値なのである。

専門家の説明によると、長沙馬王堆漢墓の発掘後、その文化的独特さと豊富さから馬王堆学というひとつの専門分野が学界に生まれた。参与した研究者はすでにひとつの巨大なまとまりを形成しており、その中国内外の学者は二五〇〇人あまりに達する。完全な統計ではないが、これまでに出版された馬王堆漢墓研究に関する人文・自然科学の著作は二七〇種あまり、論文は三二〇〇本以上に達している。馬王堆漢墓の発掘はすでに四十年以上前であるが、その全面的な研究は、考古学者と歴史学者が数世代にわたって継続しても完成させることはむずかしい。

海昏侯墓で出土した文物の数量は、馬王堆漢墓のそれをはるかに超えており、そのためそれらの全面的な研究にはさらに長い時間が必要である。

戦いはいまだ終わらず、一切が終結するにはまだはやすぎる。調査の進捗についていうと、内棺の調査は低酸素実験室内でおこなわれている。それまでに出土した二万点以上の文物は、現在のところすでに応急的な保護措置が基本的に完了しており、そのなかでもっとも注目される竹簡木牘はすでに強化処理が完成し、漆器は修復が進行中であり、次にかさなった漆器を分離する作業を進めなければならない。内棺の調査はその他の文物の保護研究と同時に進行している。

三十五、海昏侯墓——残された未解決の謎

海昏侯墓には、どのような未解決の謎があるのだろうか？

　南昌前漢海昏侯墓の発掘は世間の注目を集め、一定期間にわたり「海昏侯墓現象」を引きおこした。墓主の身元の確定にともない、この衆目を引きつけた「考古学の一大イベント」は決着をみたようである。しかしこの中国考古学史上多くの点で「最上級」の語がふさわしい墓の主人は、依然としていくつもの謎を残しており、千年の時間を越えた回答を待っている。その答案を「出す」までは、とても長い過程となるであろう。

　出土した「蒸留器」はいったい何に用いられたのか？中国には悠久の飲酒と酒造りの伝統がある。曹操と劉備は酒を煮て英雄を論じ、李白は斗酒し詩百篇を詠み、趙匡胤は酒宴で指揮権を解き、生活だけでなく政治や貿易往来でも古より今にいたるまで中国人は酒と深いつながりがある。海昏侯墓で発見された酒造りの道具に似た形状の青銅製「蒸留器」について、はじめ人々は、ジュースをつくる道具あるいは丹薬を煉るのに用いた道具などと、さまざまに推測した。しかし鑑定された残留物がイモであったとは驚きだ。日本人は現在なおイモを原料に酒をつくっていることを思えば、少なくない専門家がこの蒸留器は焼酎をつくるのに用いた器具だと考えるだろう。資料が示すところでは、中国で発見されたもっともはやい蒸留器を使った酒づくりは今から八百年あまり前の元代の例である。もし前漢時代の中国で焼酎を蒸留したということならば、蒸留酒の歴史を一二〇〇年引きあげることになるだろう。

青銅製蒸留器の底部（東蔵槨北部酒器庫より出土）

　劉賀は生まれつき体が弱かったが、冬虫夏草も食したのだろうか？しかし彼は食してもあまり効果がなかったようだ。中国医学の歴史は長い。かつて二十七日間皇帝であった劉賀の副葬品中でなんと強壮薬が発見され、それらはおそらく冬虫夏草であった。冬虫夏草とは一種の真菌で、コウモリガの幼虫の体内に寄生し、海抜三千メートル以上の高所の寒冷な草地でのみ生長し、冬は虫のすがたで夏に草となることから「冬虫夏草」と呼ばれる。冬虫夏草に関するもっとも早い文字記載は、清の王昂『本草備要』（一六九四年）の「冬虫夏草、味は甘、気は平にして、肺を保ち腎を益し、血を止め痰にかえ、

労咳を止める」というものである。劉賀はもとより体質虚弱で、のちに憤懣が鬱積し、強壮薬を使用しても不思議ではないが、出土した冬虫夏草の強壮薬は内陸の江西では入手がむずかしいものであった。二千年以上前に冬虫夏草はどこから来たのか？ 具体的にどのように食したのか？ これもまた謎である。

「素人は外面を見、専門家はその本質を探り当てる」という。海昏侯墓はさらに詳細な考察と研究をおこなうに値し、ある専門家は海昏侯墓園と墓道の向きについて時間をかけて考察すべきだと考えている。現在、墓園をみると、東門と北門があり、南門と西門はない。この墓園内のすべての墓道は南を向いており、前漢後期のこの時期になって陵園の向きと墓道の向きが変化し始めたことと対応しているのかもしれない。秦と前漢期には、陵園と墓道の向きはすべて東を向いていた。それに対し、前漢後期の帝陵にともなう大型陪葬墓の墓園と「甲」字形墓道は南向きに変化しており、海昏侯の墓園と墓道の向きはこれと密接に関係するらしい。そのなかには、前漢後期につくりあげられた一種の新理念——漢文化の南向きの理念が確立しはじめたのだろうか？ あるいは、漢代より開始した江南への移民と開発が、この問題を解決する手がかりになるかもしれない。

四号墓の墓室

ひっそりと静かな劉賀の墓に入ると周囲を取りまく高台があり、それはちょうど回廊の位置にある。そこには何も副葬品が置かれておらず、この墓の空白を残しているかのように、その場所は空いている。少なからぬ専門家がここから「黄腸題湊《こうちょうだいそう》」を連想し、劉賀がその準備をしていたのではないかと考察している。「黄腸題湊」とは帝王が使用した槨室で、最高級の埋葬施設である。いわゆる「黄腸」とは樹皮を取り去ったあとの柏木である。「題湊」の構造上の基本的な特徴のひとつは、平積みした角材を積みあげてつくられ、一般に枘《ほぞ》と枘穴を用ないことで、もうひとつは「木口がみな内を向く」ことである。当時の埋葬制度に照らすと、海昏侯は黄腸題湊を使用する資格がなかった。しかし劉賀の槨室中には関係する痕跡があるようである。もしかしたら、劉賀および残された人は、最後のときに依然として宣帝に対して幻想を抱いており、彼に特殊な待遇——王の制度を

瓦当（五号墓前に付属する祠堂など礼制建築で出土）

瓦当（井戸七より出土）

もって葬ることを望んでいた。これはまた埋葬制度に対する深い考察を引き出した。王と侯の間の区別は黄腸題湊にあるのだろうか？

墓の構造以外に、角材の置き方もまた巧妙である。前漢前期から中期には、槨の角材は横積みした。前漢後期には、角材を立てた。劉賀墓の甬道部分は角材を立てて置いているが、回廊部分の壁の角材は横積みされたものだ。これは長沙馬王堆漢墓でみられた状況と似たところがある。これは墓葬の時代変化を反映しているのだろうか？

そのほかに「一言九鼎（国の動向に関わる重い発言の意味）」とよくいうが、前漢にはこれは普通の人の言ではありえなかった。天子の用鼎が九鼎の制であった。海昏侯墓で九つの鼎が出土し、そのひとつは把手が環形であった。『続漢書』の記載と曹操墓で十二点の土製鼎が出土したことを結びつけると、これは人に疑いを起こさせる。前漢に実際の鼎制は変化が始まっていたことを意味するのではないだろうか。九鼎の制はすでに天子の制ではなく、常態のものに変化したのではないだろうか？

ここでかずかずあげたように、謎はひとつではない。海昏侯墓の発掘は歴史の謎を解き明かしてくれると同時に、また別の新しい課題を出して私たちの認識を覆し、さらにいっそう深い探求へと引き入れる。人々が深く感動するのも不思議ではない。このように「千年に一度」の喜びは、関係する研究者の一生の仕事とするのに値し、ひいては何世代もの人が努力するに値するのである。

おわりに

唐代の詩人孟浩然は「諸子と峴山《けんざん》に登る」の詩中に「人事に代謝有り、往来は古今を成す。江山は勝迹《しょうせき》を留め、我が輩また登臨す」と詠んでいる。巨大な歴史文化遺跡が贛鄱の地に突如現れ、ひとりのかつての「短命」な帝王の影が次第に明らかとなり、二千年を越えた物語が始まった。

広大な歴史の煙雲に多くの過去が沈み、知らぬまに、ある真相が次第に水面に浮かびあがってくる。我々がゆっくりと近づき、静かに歴史の足音に耳をかたむけると、すべてのできごとにはみな因果があり、どのような物事の存在もみな特有の意義をもつ。我々はただ歴史の一面だけをみて歴史の別の一面をおろそかにすることはできず、一時の新奇さをもとめて長期の計画をおろそかにすることはできない。「海昏侯墓」の発掘・保護・展示は長期の広大な系統的プロジェクトであり、歴史的価値があり、科学的価値があり、また人文学的価値があるものの、どれをとってもみな、今日あるいは将来のあらゆる人々の力をあわせて探求しなければならないものである。南昌「海昏侯墓」の未来が大きく光彩を放つか、風とともに散ってしまい次第に人々の話題のなかから消えてゆくのか、その一切はいずれもみな努力と時間がその真の魅力を証明してくれるかどうかにかかっている。

跋

監訳者あとがき

本書は、『図説海昏侯』（日本語版では『埋もれた中国古代の海昏侯国』）シリーズ第三巻の日本語訳である。もとの書名は『答疑三十六』つまり『Q＆A36』であり、各章の冒頭でそれぞれ問題提起がなされ、それに対する著者の解釈を提示するという流れで文章が進められている。ただ、実際に本書を通読してみると、三十六題の問いに対して必ずしも明確な答えが用意されているわけではなく、また翻訳と編集の過程で日本の読者には不要と考えられる情報を削ぎ落としていった結果、最後の一章がなくなり全部で三十五章になってしまった。そうしたことから、日本語版では書名を大きく改め、『二千年前の歴史をさぐる』と題して出版することにした。

海昏侯劉賀とその墓についての歴史的事実や考古学的情報は、すでに第一巻と第二巻にまとめられており、第三巻で新たに提供された情報は少ない。そのため、第一巻から順に読み進めてきた読者が、新たな知識を求めて本書を手にした場合には、若干の不満がのこるかもしれない。しかし、本書の意図は第一巻と第二巻に整理された歴史的・考古学的事実をテーマごとにまとめなおし、ほかの事例と比較しつつ、わかりやすく提示することにある。その点において、本書の試みはひとまず成功しているといえるだろう。その構成は、一章一題のかたちで章ごとに完結しており、どの章も二〜四頁程度の短いものであるから、興味のあるテーマを選んで拾い読みしていくのもよい。

本書の内容は多岐にわたり、海昏侯劉賀の人物と経歴、そして海昏侯墓の発掘にかかわるさまざまな問題を網羅している。そのなかで、比較対象としてしばしば言及されているのが湖南省長沙の馬王堆漢墓である。とりわけ本書二十二章では、「海昏侯墓と馬王堆漢墓——どちらがよりすごいか」というタイトルをつけて、両者の直接対決を試みている。どちらも長江以南に所在する前漢の列侯（夫人）墓で、発掘調査時まで棺槨が未開封であったため、大量の有機質遺物が残存していたことなどが共通する。もちろん、「どちらがすごいか」という比較は完全に主観的なもので学術的な意味はない。文化財ないし文化遺産としての優劣を競うことにも意味はない。しかし、日本でも大きな考古学的発見があると、すぐに「最古級の」「最大級の」などとセンセーショナルな見出しをつけて報道するものであり、それは中国でも変わらない。

一方、こうした考古学的発見について、インターネット上で議論がなされ、投票までおこなわれている（七二頁）というのは、近年の中国の情報社会を反映しておもしろい。馬王堆漢墓との比較に限らず、本シリーズの記述には、インターネット上での議論がかなり引用されていて、信頼に足る言説から根拠のない妄想まで、さまざまな情報が含まれている。そうした記述のあり方について、学術的ではない、厳密ではない、と批判することは容易である。しかし、正式な調査報告書が未刊行の段階において、発掘当事者ではない著者らが本シリーズを刊行できたのは、こうしたインターネット上の情報を取捨選択して有効に活用できたことが大きい。最近の中国では、発掘された遺跡や遺物、簡牘などについて、第一線で活躍する学者どうしがインターネット上で議論を交わすことも少なくなく、それらの情報を紙媒体の書籍に引用することについても、中国人のほうが日本人より寛容といえるかもしれない。

なお、本書は一般の読者に向けて書かれたものであるがゆえに、参考文献や史料の典拠について、もともと必要最低限のものしかあげられていない。翻訳に際して、訳者が調査していくつか出典を補ったところはあるものの、煩雑になるため、すべての典拠を提示することは避けた。そのほか、海昏侯墓の発掘をうけて、本シリーズのほかにもいくつかの書籍が中国で出版されている。劉賀をめぐる歴史的事実について北京大学教授の辛徳勇『海昏侯劉賀』（三聯書店、二〇一六年）が学術的な考証を加えているのをはじめ、発掘遺物の精細な写真を掲載した図録（江西省文物考古研究所・首都博物館編『五色炫曜――南昌漢代海昏侯国考古成果』江西人民出版社、二〇一六年）などが刊行されており、シンポジウム資料や一般向けの書籍もある。いずれも中国語であるが、さらに専門的な知識を得ようとする読者の方々は、それらをご参照いただきたい。

本書の翻訳は、京都大学人文科学研究所に日本学術振興会特別研究員PDとして在籍している大谷育恵さんが担当した。翻訳にあたっては、大谷さんが作成した下訳をもとに、京都大学人文科学研究所の岡村秀典教授と監訳者の向井、それから第一巻担当の田中一輝さん、第二巻担当の坂川幸祐さんが集まって、二〇一七年四月から八月にかけて定期的に読書会をひらき、訳文の検討をおこなった。大谷さんは中国およびユーラシア草原地帯の考古学を専門とし、中国留学経験があるだけでなく、モンゴル・ロシア・中央アジアなど各地の発掘調査にもたびたび参加しており、中国語をはじめさまざまな言語に精通している。その語学力は、本書の翻訳にも遺憾なく発揮されている。ただし、訳文の検討後に編集者と監訳者とが協議して改変を加えたところも少なからずある。訳者や原著者の意図と異なるところが本書にあるとすれば、それはすべて監訳者の責任である。

本書の刊行にあたっては、樹立社の向安全社長、科学出版社の柳文子さんにお世話になった。編集担当の高崎千鶴子さんには、原稿のチェックから挿図の配置にいたるまで、丁寧に検討していただき、適切な助言をいただいた。最後に、本書の翻訳と出版にご尽力いただいたすべての方々に、心よりお礼を申し上げたい。

二〇一九年四月

向井　佑介

主編
陳　政　（ちん せい）
江西文化研究会秘書長・文化学者・江西省作家協会会員副主席・
江西省文芸学会副会長・美術評論委員会主任

編著
万　軍　（ばん ぐん）
中国鉄道南昌局集団公司副会長・江西文化研究会常務理事

監訳
向井　佑介　（むかい ゆうすけ）
1979 年生まれ。京都大学大学院文学研究科博士後期課程から京都大学人文科学研究所助手・助教、
京都府立大学文学部講師・准教授を経て、現在、京都大学人文科学研究所准教授。専門は中国考古学・歴史考古学。
主な著作に「仏塔の中国的変容」（『東方学報』88、2013 年）などがある。

翻訳
大谷　育恵　（おおたに いくえ）
1981 年生まれ。金沢大学大学院人間社会環境研究科博士後期課程修了、博士（文学）。
奈良文化財研究所アソシエイトフェローを経て、現在、日本学術振興会特別研究員 PD。
専門は中国およびユーラシア草原地帯の考古学。
主な著作に「三燕金属製装身具の研究」（『金沢大学考古学紀要』32、2011 年）などがある。

埋もれた中国古代の海昏侯国（三）
二千年前の歴史をさぐる

2019 年 6 月 24 日初版第 1 刷発行

主　編　　陳政
編著者　　万軍
監訳者　　向井佑介
訳　者　　大谷育恵
発行所　　株式会社　樹立社
〒 102-0082　東京都千代田区一番町 15-20 一番町フェニックスビル
TEL : 03-6261-7896　FAX : 03-6261-7897　http://www.juritsusha.com
編　集　　高崎千鶴子
装丁・組版　真志田桐子
印刷・製本　モリモト印刷株式会社

ISBN978-4-901769-85-3　C1020

シリーズ 全三巻

埋もれた 中国古代の 海昏侯国

世紀の発掘が明かす、
二千年前の中国 海昏侯の人生

目のくらむような黄金、山をなす貨幣、美しい象眼細工の楽器や馬飾、青銅器、漆器、竹簡の『論語』や『易経』、漢方薬等々に加え、実物の馬と馬車が姿をあらわした！これは図版を駆使した奇跡の発掘レポートである。

一 二十七日間の皇帝 劉賀

漢墓の至宝がものがたる、若き皇帝 劉賀の悲劇

大漢最盛期の皇帝武帝の孫昌邑王の劉賀は、好きな車馬を飛ばす走り屋だった。はからずも皇帝に擁立されて長安に入りその悲劇がはじまる。呪詛、陰謀、愛憎うずまく宮廷にあって二十七日でその地位を追われ、ついには辺境の地、海昏国の列侯に……その三十四年の生涯とは？

陳政 主編／盧星・方志遠 編著／向井佑介 監訳／田中一輝 翻訳

B5判／フルカラー／100ページ 定価 本体3800円＋税

二 劉賀が残した宝物

海昏侯墓発掘の生々しいレポート

在位わずか二十七日の皇帝 劉賀の死後二千年あまりの今日二万点をこえる貴重な遺品が姿をあらわした。考古学調査員の手でひとつひとつ組み合わされ前漢の時代がゆっくりと再現されるさまに、現場にいるような興奮をさそわれる考古学マニア必読の書。

陳政 主編／王東林・王冠 編著／向井佑介 監訳／坂川幸祐 翻訳

B5判／フルカラー／146ページ 定価 本体4800円＋税

三 二千年前の歴史をさぐる

「漢の廃帝」劉賀の終の住みか、幻の海昏国の謎に迫る

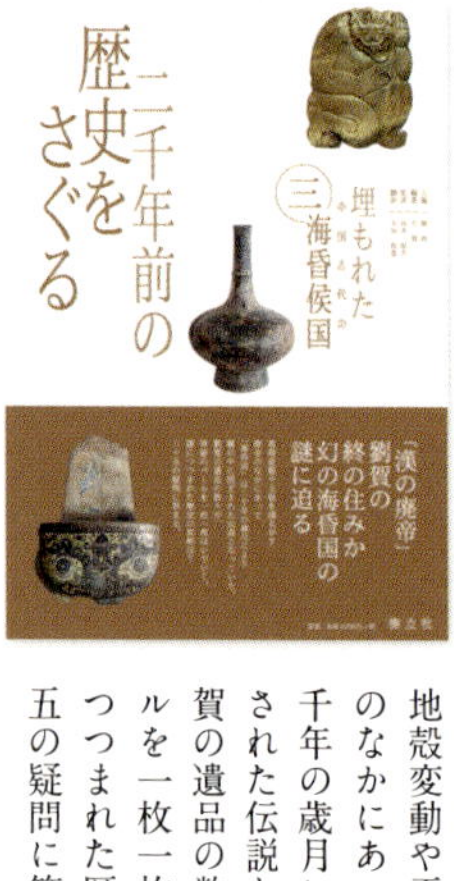

地殻変動や王朝を揺るがす歴史のなかにあって「海昏国」は二千年の歳月により霧の中に閉ざされた伝説となっていたが、劉賀の遺品の数々が、神秘のベールを一枚一枚はいでいく。謎につつまれた歴史の真相は？三十五の疑問に答える。

陳政 主編／万軍 編著／向井佑介 監訳／大谷育恵 翻訳

B5判／フルカラー／120ページ 定価 本体4800円＋税